実践！
SIRIUSヒーリング

魂のエネルギーワーカー養成道場

シリウス慶氣
Sirius Yoshiki

〜シリアス人間からシリウス星人に〜
SIRIUS

「霊魂」は、体とは別に実体として存在すると考えられているものであったり、人間の生命や精神の源とされ非肉体、人格的存在とされるもののことである。
〜Wikipediaより〜

つまり、私たちの本質は魂という源にある。魂のエネルギーワーカー（シリウスヒーラー）とは、その本質的な魂の波動を霊という非物質のエナジーの領域に伝えて活用をしたり、その力を活用しながらこの肉体を持ち生きるという現実の物質的世界の営みを豊かに実現していく人たちのことである。

注：CGではありません。
2015年、
SIRIUSのホームページ用の写真を撮影してもらった際に、喉のチャクラとしか思えないようなターコイズブルーが著者（シリウス慶氣）の喉に写り込んでいた。
（本文P127「喉のチャクラの巻」参照）

横浜・関内にあるアンドロメダサロンからの遠隔ヒーリングの様子。
まずzoomやLine通話にてカウンセリングをした後に、別室のヒーリングルームから遠隔ヒーリングを始める。
遠隔ヒーリングなので、ヒーリング中は受け手には自宅などで横になってもらい、サロンではシリウス慶氣が実際の対面ヒーリングと同じ動作をしていることで、限りなく対面ヒーリングに近い効果を具現化している。(P65参照)

大樹は大いなる氣のアンテナ。
フィリピンにてアジア最大級のバレルツリーとの出会いに感激している著者。
高さ約63m（ビルの20階の高さに相当する）。

生命の誕生は神秘そのもの。
私たちは自らのエネルギーをどのように未来へと繋いでいけば
良いのかを感じてみよう。
(P242「現世のスタートライン(出産)を考えるの巻」参照)

⬇ 1日後

イッテル珈琲　セミナー動画
「人生のスピリチュアルな意味」

動画撮影時には映っていなかった見えざる手（ガイドスピリットの手）が後に浮かび上がってきた写真。

スマートフォンの中で変化していたという不思議な現象。

私たちが物質だけの存在ではないということを見せてくれる。

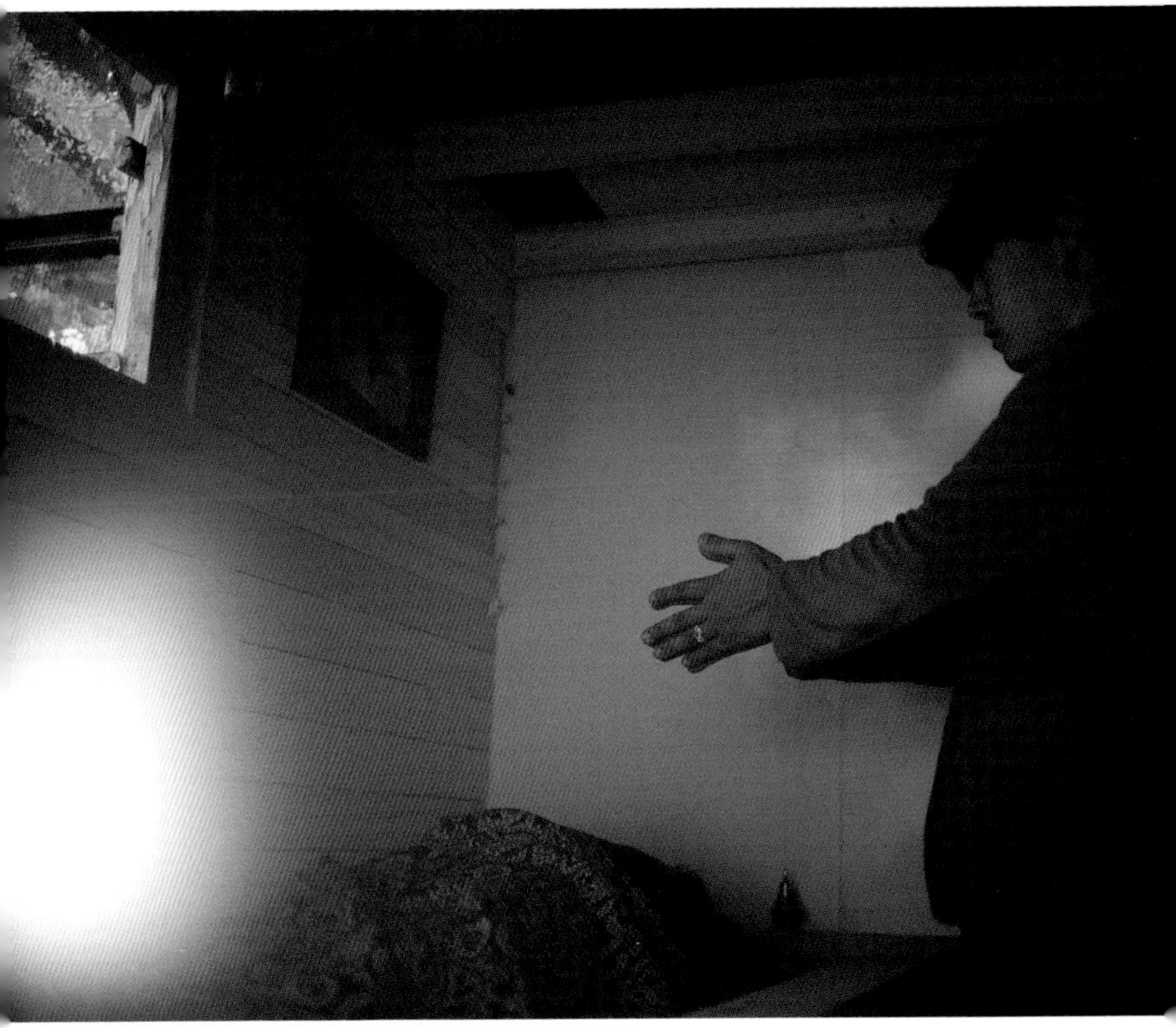

同じ構図で撮った写真の中でこの写真のカットだけにホワイトとマゼンタの光が写り込んでいた。
目には見えないエネルギー（氣）の流れを、私たちが目で見えることの出来るようにと、スピリットの世界からの計らいである。

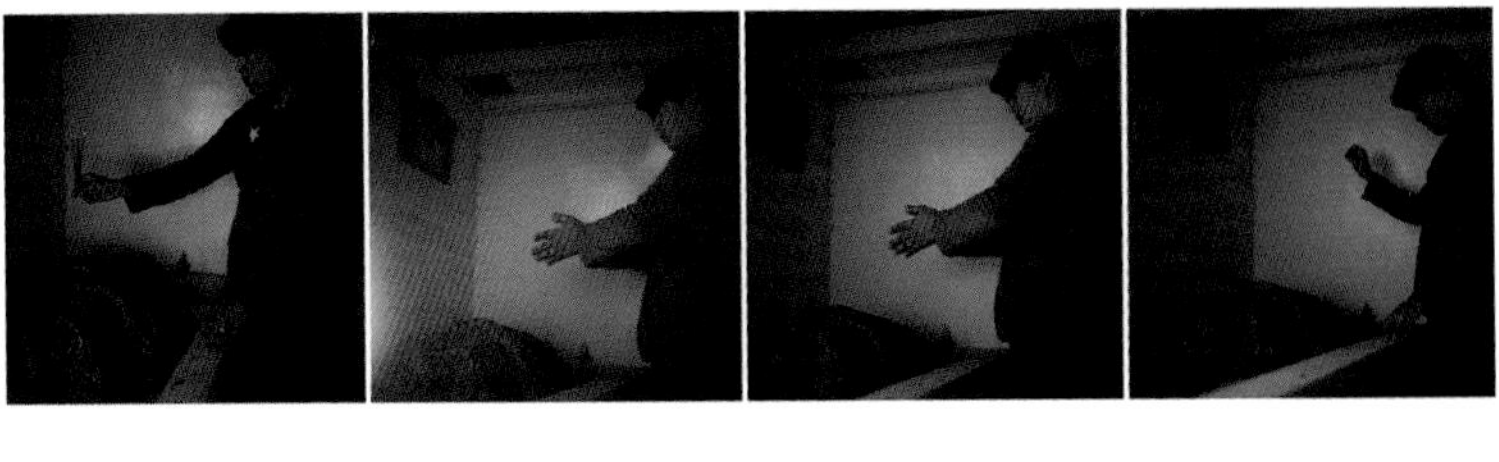

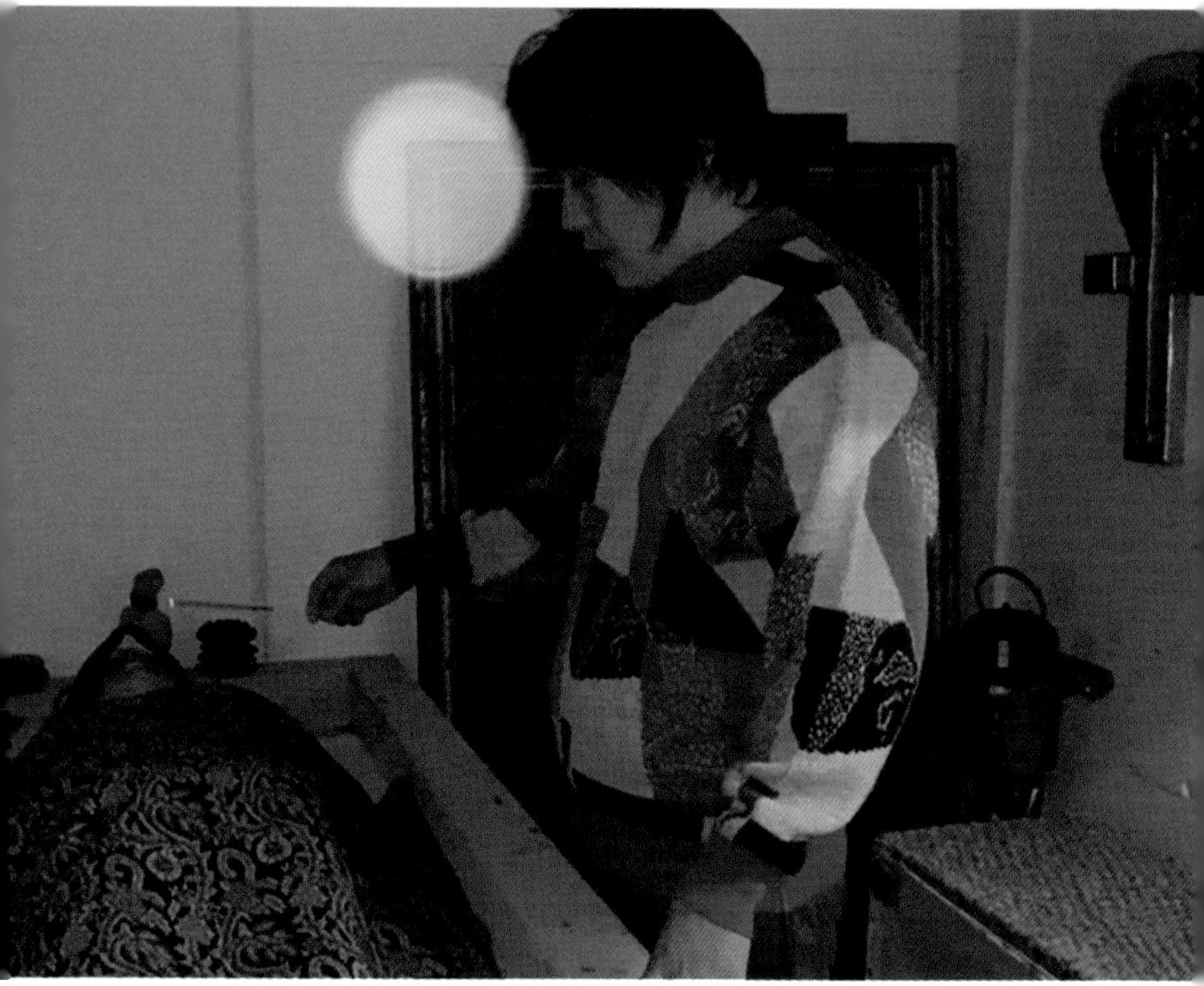

ライトグリーンに発光するヒーリングオーブ。
もう一度同じ映像を撮影することは不可能に近いことから、単なる自然現象（反射現象）とは言い難い。
そこには何らかの魂のメッセージ（伝言）が込められていると考えた方が適切だということを、数々の実例（記録映像）が示しているのだ。
※動画（vol.3）14分21秒部分

左ページ下：
ヒーリング動画 Vol.44
2021年5月3日撮影

左ページ上：
ヒーリング動画 Vol.13
2021年4月6日撮影

上：
ヒーリング動画 Vol.3
2021年2月27日撮影

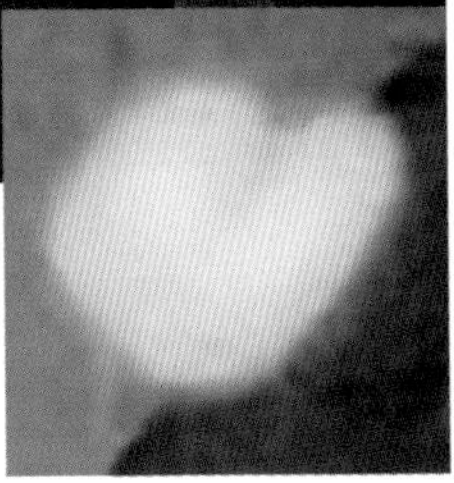

Wikipediaの自然現象説にあるような、空気中のホコリや水分だけでは説明の出来ないようなオーブの出現に定説は更新されていく。
※動画(vol.13)0分27秒部分

ヒーラー(シリウス慶氣)の手の動きに連動して動いている様子のネオンブルーに発光しているオーブの様子。
このヒーリングの後に8年間痛かったという方の足に癒やしが起きた。

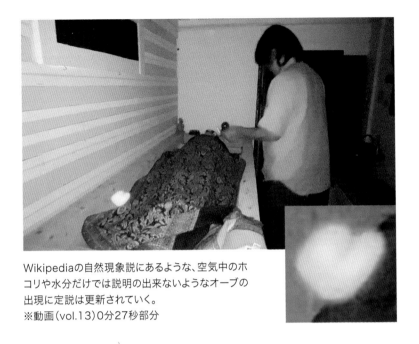

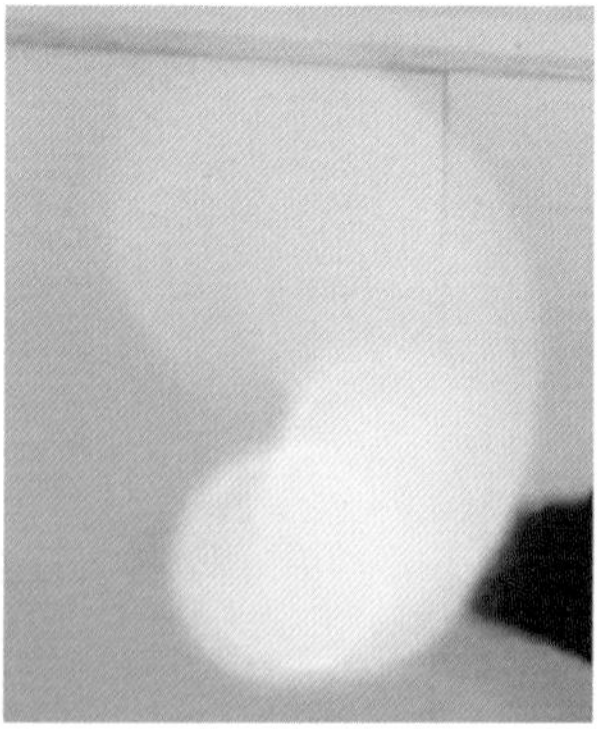

オーブは単に物理現象だと言ってホコリを巻き起こしている友人のI氏(カメラ)の前に、今まで一度も映ったことのない勾玉型オーブがスマートフォンに張り付いてアピールをしたところ。(カメラのレンズには一切触れていないにもかかわらず、もう一度同じ映像を撮ることは出来なかった)

実証実験動画

Wikipedia
「玉響現象」

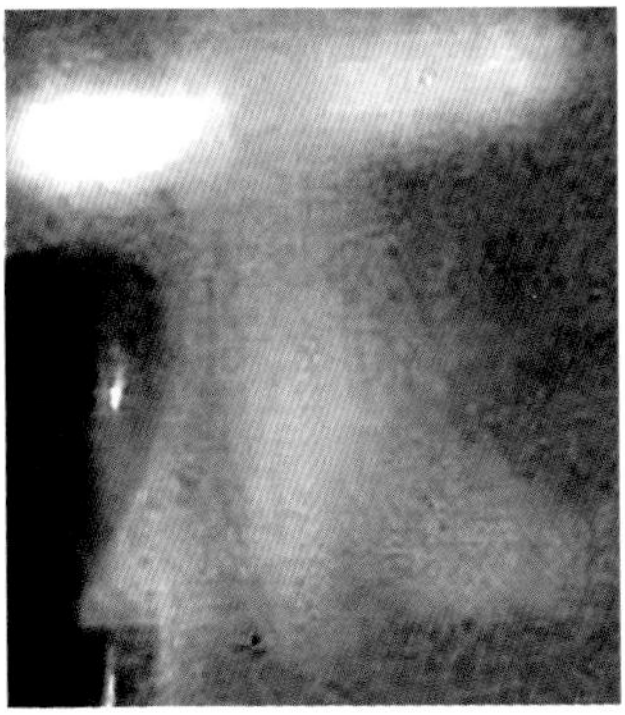

シリウスサロンにて遠隔ヒーリング中。
ヒーラーの背後で高速で移動する光の十字架と、十字架を降りている人（マントを付けている姿）が映りこんでいる。
※下記動画7分23秒部分

手から出た光が
十字になり降りてくる

おそらく記録されている中で一番綺麗に撮影されているであろう
ジュンラボ氏82歳。
ジュンラボ先生は10代の頃より神霊治癒に目覚めて以来、
半世紀以上の間、人々に力を与え続けてきた伝説のヒーラーである。

ジュンラボ先生と
シリウス慶氣。
フィリピン・バギオ
市の自宅にて撮影

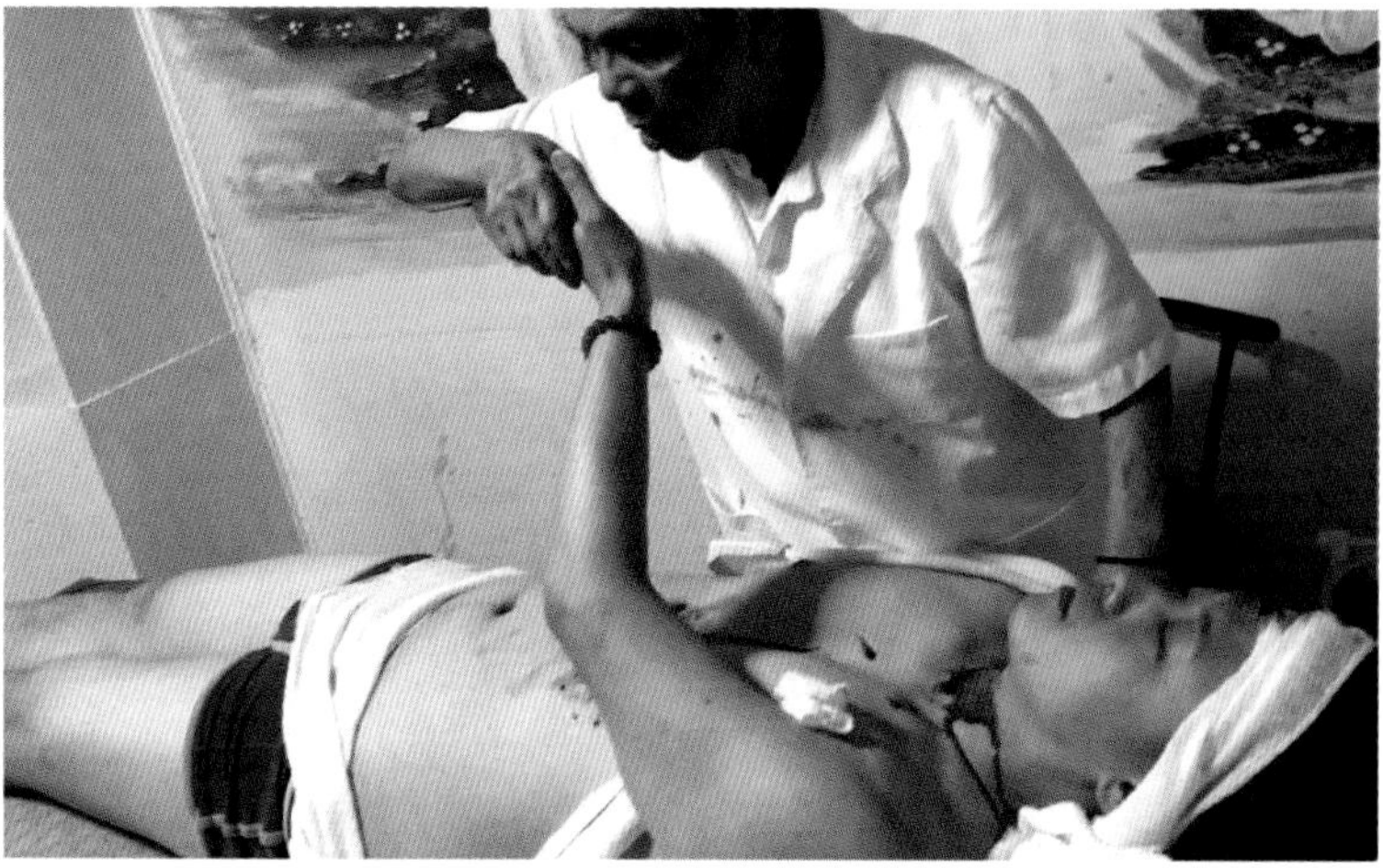

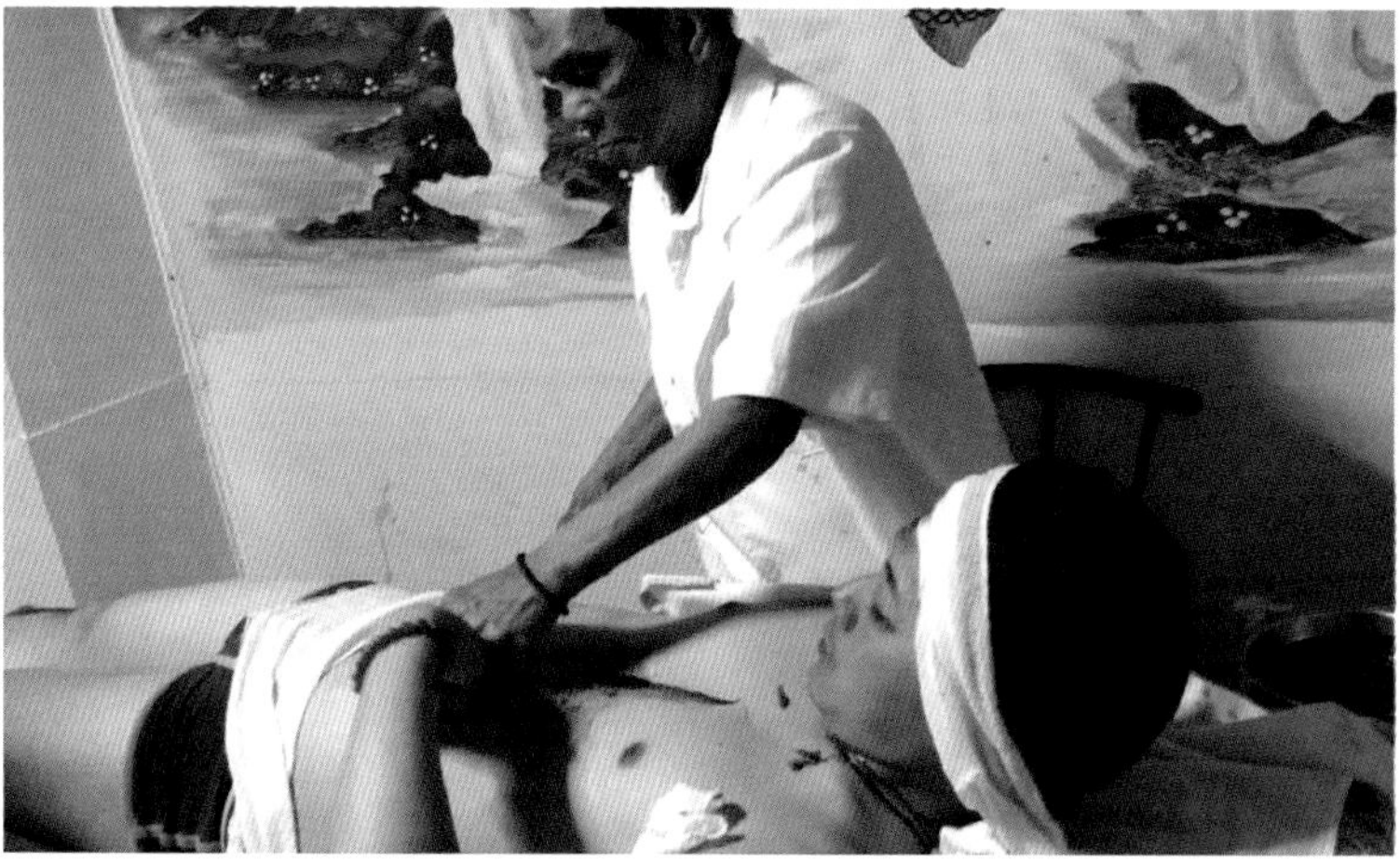

著者の指がジュンラボ氏のエネルギーにより、物理的な肉体の
中へと入っていく。
体内に入った指の感触は、温かいゼリーに包まれたようだった。
ジュンラボ先生の心霊治療(Faith Hearling)は、奇跡の実在を示
す為に、その場で参加者同士での第三者による撮影が許されている。

「神出し」
～新しい自分への目覚め～

一人一人の内側には必ず「神性」といわれる

純粋な領域が存在します。

一人一人の内側に封印された神様を

外側に出して行きましょう。

遺伝や環境による影響や

前世・憑依・契約などを

潜在意識の深層において解除、除染して、

一人一人の内側で

眠っている神を起こします。

信じる、信じないはいろいろとあると思いますが

信じる方のみどうぞ起こしください。

シリウス慶氣の次男。
1歳の時に突然意識不明の重体で倒れたことがあったが、
病院では原因不明。
その時私は、真に祈ることの力に通じるしか道はなかった。
今、彼が元氣に生きていることが私の中で何よりも有難いことである。

神奈川県 葉山町にあるヒーリングサロン SIRIUS
Since 2012～

SIRIUS
ホームページ

Andromeda
ホームページ

シリウスサロンにて撮影。
モデルのChikaちゃん

左：シリウス慶氣　著者・スピリチュアル・ヒーラー
中：Chika　モデル兼フットネスインストラクター
右：Yukie　本著編集兼ヒーリングオーブの撮影

シリウス慶氣
ブログ

Chika
インスタグラム

CHI_SEA11

Yukie
ホームページ

目次

初級編　81

中級編　177

魔界の章

神界の章

宇宙の章

ブックデザイン＆編集協力　久　由起枝
校正　麦秋アートセンター

登場人物

異次元からの使者

目には見えない世界に存在している目に見えない世界の住人たち。こちら側の世界（この世）とは周波数の異なる世界（異次元）に住んでいて、こちら側に伝えたいメッセージやエネルギーがあるようだ。

オーブ（玉響現象）

異次元からの使者は直接私たちの世界に影響を与えることが出来ないので、オーブと呼ばれている微細な水蒸気やホコリの反射現象を利用して様々なメッセージを伝えてくる。

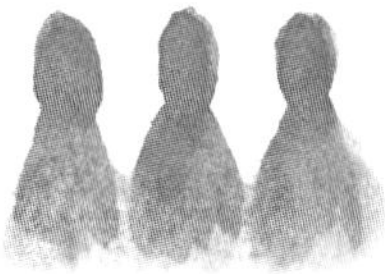

ヒーリング仲間たち

シリウスのヒーリングを通じて出会った仲間たち。

各章の音声の中に現れている。十人十色の人生から感じられるスピリチュアル感やヒーリング感を言霊を通して伝えようとしている。

Chika

自然豊かな土地で生まれ幼い頃から活発で、人の輪の中心になるような性質の持ち主。大学卒業後フィットネス業界にすすみ、フリーのフィットネスインストラクターとしての人生が始まり3年半が経った頃、声が急に出なくなり自分探しの旅(見えない世界が自分を創っていることを知る学び)が始まり、その中でシリウスヒーリングや様々な出逢い、経験を経て、ようやく自分の全てをまるごと受け入れ、感謝し、喜べるようになって今に至る（現在は声も元の表現が出来る状態に戻る）。
感受性が豊かで明るく元気、良くも悪くも素直な性格のチャレンジャー。

シリウス慶氣

約16年前に勤め先で幽霊に遭遇したことを引き金に、目に見えない世界に興味を持ち始めたTV番組「オーラの泉」の世代。

約10年前、日本に息詰まりを感じカナダへとドロップアウト。しかし、ドロップアウトした先で予期せぬ神秘現象の数々が彼を待ち受けていた。

神秘現象により急にヒーラーになりたいと思うようになったシリウス慶氣は2012年に帰国。

その後鎌倉で美容院を始めるが、程なくヒーリングサロンに路線変更しヒーリングサロンシリウスが誕生。それからの約9年間シリウスヒーリングをやり続けているプロのヒーラーで、今回この本の道場長を務めることになった不思議な人物。

ごあいさつ

この本を手に取ってくれた皆さま、ありがとうございます。
そして、スピリチュアル・ヒーリング道場の世界へようこそ！

ウェルカム動画

この本は、目に見えない不思議な世界からの提案として、皆さまの地球生活の諸問題を打破し、新しいチャレンジや、この地球生活において初めて体験する神秘的なことや、実際に経験することで満たされていく人生の為の、スピリチュアルな変容（ヒーリング）の書として創らせていただきました。

つまり、この本は、**理解する為の本ではなく〝経験する為の本〟、そして〝読んでくださる皆さまの実際の人生に変化を生み出す為〟のヒーリング本です。**

今回は「50の修行」と称して、各チャプターに連動した、読者の方に挑戦していただく為の50の課題や、更にＱＲコードに音声や動画もご用意致しました。

大昔の人たちの方が深く理解していたように、いつも私たちの人生の背後には、目には見えない時空間が同時に存在していて、私たちを内なる宇宙と繋ぎとめていること、そして、いつも私たちを見守って育ててくれている様々なスピリットやエネルギーが存在しているということを、順々にこの本の修行を積み重ねていくことによって、私たちも生かされているという至福を感じて、その恩恵を活用することの出来るように創られています。

さて、前置きはこれくらいにして、早速皆さまを50日間のヒーリング修行へとご案内させていただきましょう。

私たちの人生はかくも美しく、そして完璧な世界であるかどうか、シリウスのヒーリングエナジーと一緒に確かめにいきましょう。

さて、お主はこの変容の旅路に、最後まで付いてくることが出来るかな？

スピリチュアル・ヒーラー　シリウス慶氣

紹介動画

この本の使い方

一、掛け軸の言葉を読む
or
QRコードでヒーラーたちの肉声を聞く

QRコードをスマホで読み込むと音声ファイルが開きます

二、本文を読み進める

三、全50の修行に対して、一日一つの課題が用意されているので、自らやってみたり書き込んだりする

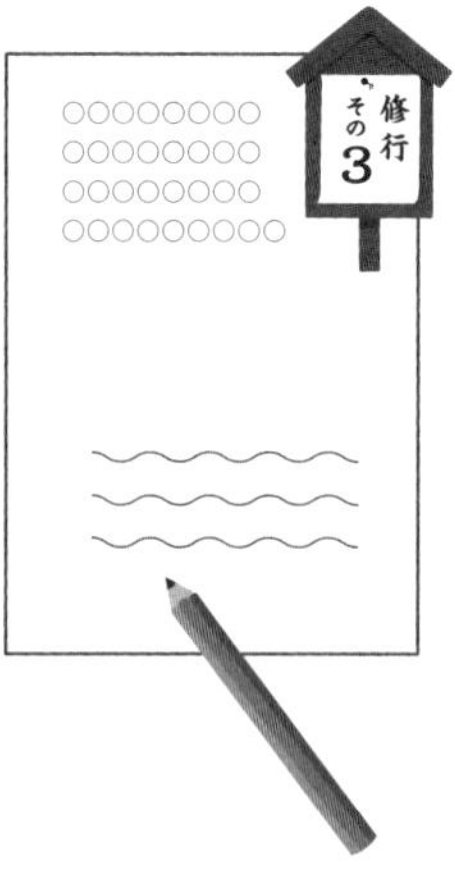
修行 その3

ヒーリングがおきる 四

現実の生活の中にワクワクするような変化・変容を具現化して体験する

序章

もしあなたがヒーラーだったら？

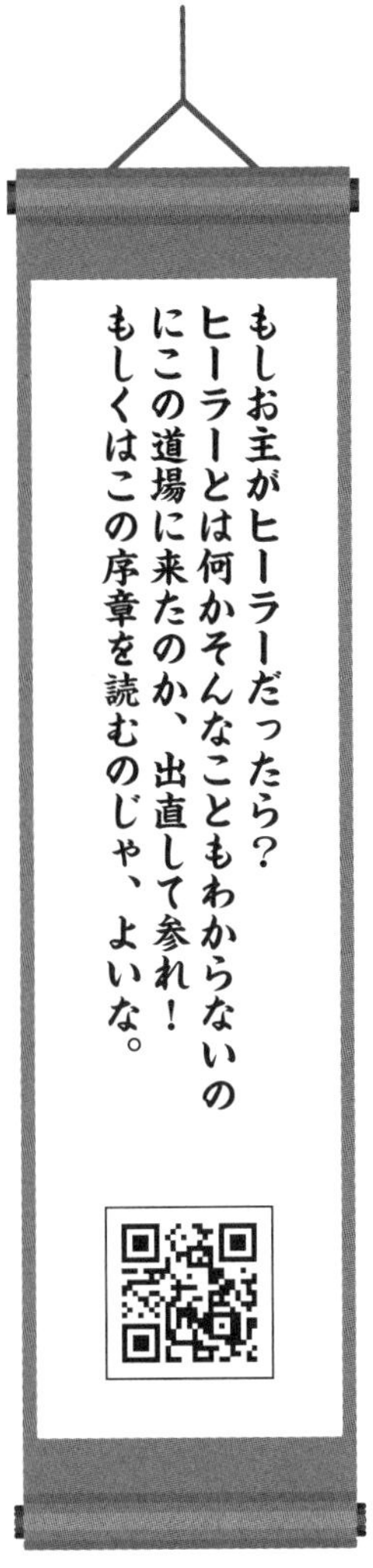
もしお主がヒーラーだったら？
ヒーラーとは何かそんなこともわからないのにこの道場に来たのか、出直して参れ！
もしくはこの序章を読むのじゃ、よいな。

突然ですが、もしあなたがスピリチュアル・ヒーラーだったとしたら、この現実の世界は、

まるで魔法のように神秘的な世界として見えてくるでしょう。

私（シリウス慶氣）の場合は、今から約10年前の不思議な出来事をきっかけに「自分はヒーラーになるんだ！」「これからの人生はスピリチュアルヒーラーとして生きよう！」と、なんの根拠もなく突然思うようになりました。

とはいえ当初の私はまだ、目に見えない世界への興味や、神秘的な経験をしたいという氣持ちだけが先行していて、ヒーラーになるとはどういうことなのか、一体スピリチュアル（魂）のヒーリングとは何なのかということも、殆《ほとん》ど知るよしもありませんでした。

それから約10年が経ち、改めて現在、ヒーリングを知る前の自分を振り返ってみると、ヒーリングを知る前の人生と、ヒーリングを知りヒーラーになった後の約10年間の人生では、随分と自分自身の感じる世界の感覚が大きく変化していることに氣がついて、自分でもビックリしています。

以前の私は、自らがこの世界に生まれてきた意味や役割もつゆ知らず、**目には見えない別の世界がこの世界と表裏一体で存在していることも解《わか》らずに、生きていたのだなと思うからです。**

しかし、そのように無知で生きる私の背後には、別の世界からの無数の光（恩恵）があったこと、そして今も変わらずにこうして生かしてもらっているのだという真実が見えてきました。

それらは現在、ヒーリング中に沢山のオーブ（玉響現象）と呼ばれる光の玉が現れて意図的な動きをする様子などが撮影されていることによって証明されています。

そんな私ですので、この本では、当初全くの無知でありながら独立した私が、プロのヒーラーとしての10年間トライ&エラーを繰り返してきた中で、「こんな目に見えない世界の本があったらいいな、あの時、このヒーリングの指南書があったら良かったな！」と思えるであろう内容を、一冊の本にまとめました。

10年前の私と同じように、目に見えない世界はよく解らないけれど、ヒーラーやスピリチュアルに興味があるという方から、本格的に仕事としてやっていきたいという方まで、**この高次元からの復活の一冊『実践！SIRIUSヒーリング』**をご一読して頂き、これからの人生をより良くしていく為の、氣づきやパワーアップの一助として頂けましたら幸いです。

一つ一つをじっくりと時間をかけて進めていくことで、**読み終わった（やり終わった）時には、あなたの中の不思議な力も、私と同じように目を覚ますかもしれません。**

ヒーラーの道は長くて険しい。
最近の若いものはすぐに諦めてしまう。
そんなことではヒーラーにはなれない。
お主はそうでないことを願う。
わしの全てをこの書に収めた。
お主は心してこれから学ぶと良い。

QR コードから
音声を聞くことが
出来ます

入門編

修行1日目〜14日目

「新」

1日目　ヒーラーの可能性と注意点の巻

さぁ、早速入門編を始めるぞ！　準備はよいか？
誰しも最初はヒーラーといっても何のことだか解らないのが当たり前じゃ。
わしもかつてはそうだった、全てはそこから始まるのじゃ。ぬかりなく学べよ。

あなたはこれから……

○氣づく人になる

・ヒーラーとしての人生を通してこの世界に存在する様々な神秘を感じ、只々《ただただ》愕然とするかもしれません（日常の中には私たちの人生に関係する様々なシグナルが溢れている）。

○直感力が身につく

・目に見えない世界の波動やエナジーというものを通じて、一般的には知ることの難しい情報を先に知ることもあるでしょう。

○変容の旅が始まる

・あなたは自分と関わる人を励ましたり元氣になってもらうことも出来ます。
・人がエネルギー体に見える（感じる）。
・**目に見えない世界で生きる人との交流が始まります。**

《注意点》
・一般的な社会と同じように、目に見えない世界にも、様々な危険が潜んでいることを知ること。
・途中で具合が悪くなったり、自分自身のコントロールが制御出来なくなる場合には、無理せず練習を止めること。
・自己責任において、この本のワークや考え方を取り入れること。

修行 その1

まずは、自分がヒーラーだったらどんなだろうと
自由な発想で、想像してみよう。

・アイディア①
あなたはどんなシチュエーションで◯◯が出来る？

例・人の考えていることが言葉を介さなくても解る（会議中などに）

・アイディア②
あなたは今までやってきた◯◯（今の仕事）とヒーリングを組み合わせてどんなふうにパワーアップするか？

例・もの作りをする際に作り手のエネルギーがより力強く宿ることになる

「謎」

2日目　ヒーラーって何ですか？　の巻

お主がヒーラーを名乗れば、世間はお主に首をかしげるかもしれぬ。
それが始まりであり、それがお主の修行につながる、忍耐を学ぶのじゃ。

先ずはヒーラーとは何か？　という基本的なところから始めていきましょう。

もしあなたが巷《ちまた》で、ヒーラーって何ですか？　という質問を誰かにしてみたとしたら、はたしてあなたの住む世界からはどんな答えが返ってくるでしょうか。

今までに私が聞いた答えの多くはこのようなものでした。

「え、ヒーラーって何？　わからない！」「怪しい」「ヒーラーってあれでしょ、スピリチュアルな感じの何かをやってる人」「へぇー、凄《すご》いですね！（本当に解っているのか？）」

……などなど、そうなんです！

巷でヒーラーと言っても、解っていただけるのはまだまだ極々一部の限られた人たちにだけ。その他の多くの人たちにとっては、よく解らない世界だったり、怖かったり怪しかったりする世界なんです。身近な家族や親しい友人ですら、強い拒否反応を持っていたりすることもあるかもしれません。

そのような中でも、（むしろそのような中だからこそ）目に見えない世界のことを真面目に知ろうとする人や、本物の神秘体験をする人たちも現れます。

このことは「もう自分はヒーラーやヒーリングをよく知っている！」という経験者の方も、この機会に再度アップデートしておきましょう。

何故なら、私たちのようなまだまだ少数派に属する人たちは、つい世の中のみんなも自分と同じように考えているだろうと現実を甘くみてしまったり、はたまた、**自分のことは限られた人たちしか理解はしてくれないだろうと、心に鍵をかけてしまいがちだからです。**

しかし、この本を通してお伝えしたいヒーラー像は、特別な人間というわけでも、どこか目に見えない世界に引け目を感じながら活動をしているヒーラーでもありません。

この本を通してお伝えしたいヒーラー像は、自信を持って在《あ》りのままに、そこに在る目に見えない世界を感じて表現していくことが出来る存在です。

そして、ヒーリング（癒やし）とは、ヒーラー（癒やし人）の器が大きく広がっていくことでダイナミックに進化していきますから、先ずは地球外にある星（シリウス）まで届く程に自らの器を大きくして、周りの社会を俯瞰できるよう慣れていく必要があります。

そして、私の伝える理想のシリウスヒーラーとは、魂の道先案内人の役割を果たせる人たちなのです。

この世界に魂が存在するという真実は、全ての現実と矛盾なく存在している真実です。我々スピリチュアルヒーラーは、肉体的・精神的な再生をこの世界に具現化させることなどを通じて、目に見えない世界と物質の世界の橋渡しをするお仕事（使命）に携わる者なのです。そして、それは必ずしもヒーラーの専門職に限ったことではなく、様々な立場や職種の中でこそ表現されて広がっていってほしいことなのです。

ですから、是非これを読んでくれているあなたも、あなたなりの立場やお仕事の中での、ヒーラー感・ヒーリング感を感じてみてください。

すると、今の私たち一人一人のヒーラー感・ヒーリング感が、宇宙を通して私たちに癒やしや引き寄せという形で舞い降りてくるのです（どんな立場や職種の方でも例外はありません）。先ず私たちは、自分自身にとっての良きヒーラー（理解者）になることから始めることで、順々に家族や友人、仕事やプライベートで関わる人たちにとっても良きヒーラーになっていくことが出来ます。

この本を読んでくれている十人十色《じゅうにんといろ》の方々が、各々《おのおの》の人生において、その時必要なヒーリング（癒やしや変容）や氣づきを得て、一度きりの人生を豊かに謳歌して頂きたく思います。

修行 その2

誰かに「ヒーラー、もしくは目に見えない世界って何だと思いますか？」という質問を実際にしてみる。（２人以上）

《質問をしたらどうだったか？》

・ポジティブな見方

・ネガティブな見方

始めの時ほど氣づけることというものがこの世にはある。

わしは決してお主に押し付けるつもりはない。

お主の望むようにお主のヒーリング感を育てれば良い、わしはそのように考えておるのじゃ。

☆**ヒーラー&ヒーリングを調べてみる**

○ヒーラー↓〈心身の癒やしを促す働きかけを行う人　〜大辞林より〉
○Healer↓（いやす人〈特に〉信仰療法を行う人　〜weblio英和辞書）
○ヒーリング↓（Healingは治療する・癒やす・回復する、と訳される　〜ウィキペディア）

☆**スピリチュアルヒーリングの特長**

○ヒーリングとは癒やしを表すだけではなく、自分自身の真実を見ることによる変容（現実や信念が変化していくこと）を引き起こす。
○私たちの内に、宇宙の運行・地球の運行に同調する力を育てることで、様々な変容を起こすことが出来る。
○非物質であるエネルギーを扱うことで、物質世界と表裏一体で存在している世界のことが段々と解ってくる。

☆**一般的なヒーリングとシリウスヒーリングの違い**

○古代エジプトでは、シリウス（星）は、特に再生の女神イシスと同一視されている（シリウスという星自体が魂の再生の力を秘めている可能性)。

○ヒーラーがヒーリングスピリットの力を借りて、高次霊媒となり行うタイプのヒーリングである。

○シリウス慶氣が伝えているシリウスヒーリングは、古代のヒーリングや転生にまつわる知恵や力が、現代に転生してきて継承されたことにより行うことの出来るヒーリングである。

○ビデオ撮影をすると、シリウスヒーリング時には、毎回安定して沢山のヒーリングオーブが映り込み、意味を持った動き方や発色をしている（オーブは魂の世界からのエナジーやメッセージを伝えている)。

2020年
シリウス慶氣の
ヒーリング
アカデミーより
①

「始」

3日目　何から始めれば良いのか？　の巻

> どんな世界も玉石混交じゃ。
> 玉石混交とは価値の高い玉と価値の低い石ころが入り交じっているという意味じゃ。
> お主が何を掴むかとくと見てやろうぞ。

目には見えない世界やヒーリングの世界に興味はあるけど、ちょっと怖いし何から始めたら良いのかわからない！　世の中にそんな人たちが増えてきていることは嬉しいことでもあり、**同時に玉石混交《ぎょくせきこんこう》（価値の高いものと低いものが入り交じっているという意味）で様々な情報が乱立していくことにも繋がっています。**

ですから、先ずはこの本を読み進めて参考にしていただいた後に、ご自身の気に入ったヒーラーの先生のセッションやセミナーを探して、可能であるならば、実際に体験してみてください。やはりどんな世界でも百聞は一見にしかずです。

ちなみに、私が人生で最初に受けたヒーリングは、当時滞在していたカナダでの「レイキヒーリング」でした（※レイキというヒーリングは何と日本発祥のヒーリングで今から約１００年以上前に日本から始まったとされるヒーリングです）。

現在レイキヒーリングは世界的に普及している最もポピュラーなヒーリングで、おそらくあなたのお住まいのエリアにも、探せば何人かはレイキヒーリングが出来るヒーラーや既に体験したことがあるという人がいるでしょう。

レイキヒーリングは、私が以前美容師をやっていた頃、世界を巡るイギリスの豪華客船を運営する会社で求人が出ていた際に「美容師やエステシャンはレイキヒーリングの資格を持っていると優遇する」と書いてあった程、世界的に知られたヒーリングなのです。

そしてレイキヒーリングに限らず、ヒーラーは私たちが思っているよりも世界中に沢山いるので、その分ヒーラーの力量やヒーリングのタイプにもかなりのバラつきがあり、受け取る側との相性もあるだろうということを理解した上で、ご自身の体験を任せられるヒーラーを探されるのが良いかと思います。

他にも優良なお医者さんや整体師さん、自然療法家の方々も、広義の意味では癒やす人なのでヒーラーということになります。

2020年
シリウス慶氣の
ヒーリング
アカデミーより
②

体験もしたことのない者が偉そうに語るんでない！
様々なことを実際に体験をして初めて見えてくるものが大切なのじゃ。

修行 その3

どんなヒーリングでも良いので、実際に一度体験してみる。（人・物・自然 なんでも良い）

・何を体験したのか？

・体験をしてどうだったか？

☆以下は私が今まで受けたことのあるヒーリングの一例です。

○レイキヒーリング
○氣功＆各種エナジーヒーリング
○クォンタムタッチヒーリング
○シータヒーリング
○リコネクティブヒーリング
○マトリクスエナジェティクス
○シャーマニックヒーリング（P.231 に登場する RIO 先生のもの）
○フェイスヒーリング（神霊治療・ジュンラボ先生のもの）
○シリウスヒーリング（2012 ～私の始めたヒーリング）

☆広義の意味でのヒーリング

○お祓い・お清め
○祈願・祈祷
○洗礼・祝福
○護摩焚き・滝行
○東洋医学
○外科治療などの西洋医学
○パワースポット・聖地訪問
○占い・神託

2020 年
シリウス慶氣の
ヒーリング
アカデミーより
③

同じ名前のヒーリングでも、ヒーラー（人）によっての違いは大きいので、最初に良いヒーラーと出会うこと（縁）がとても重要です。

《注意点》
最初は良し悪しの判断が難しいので、全てを鵜《う》呑《の》みにせず、自分で納得したことを取り入れていくこと。

「広」

4日目　初詣や除夜の鐘も広義のヒーリングの巻

目には見えない力（ヒーリング）となると、抽象的でなかなかイメージが難しいという方は、ヒーリングという名前や分類に捉われることなく、もっと身近に存在している宗教的な文化をイメージしてみましょう。

例えば日本には、お正月になると神社にお参りに行き、神さまに一年のご挨拶をするという初詣《はつもうで》があります。

初詣も、神様や先祖という物質ではない存在（もしくは概念）を尊びながら感じたり、こちら側の意図や感謝を伝えようとすることなので、広義の意味ではヒーリング（万物との調和や共鳴）をしようとしている文化だといえます。

このような参拝の時には、皆様も神社の神様に様々な思いを抱き、祈ることと思いますが、これも、目には見えない大きなもの（総称すると神様）に、私たちの思いが通じるだろうと信じているからこそ、長い歴史の中で行ってきた行為であって、**神様やご先祖様＝高次元や大きな魂の存在の力だと理解すれば、名前や形式は違えど、本質はとても似ているということが解ります。**

特に、お祓《はら》いや禊《みそぎ》とよばれる心身を清める行為や、お寺さんで一年の終わりにつく除夜の鐘や、護摩《ごま》焚きの儀式の意味も、心身に宿る、煩悩という物質ではないエナジーを清める為の方法の一つとして存在しているので、名前は違えど、目的や用途はヒーリングと共通しています。

Ｐ30（今まで私が受けたことのあるヒーリングの一例）で紹介をしたヒーリングは、道具を使っていませんでしたが、声や楽器、香りやオイルを使いヒーリングを行うヒーラーたちもいます。

つまり、この世界には太古より、人智を超えた神秘が存在しているということを前提として、その知恵や力を、より良く生きる為に活用する様々な方法（アプローチ）や文化が、世界中で育ってきた歴史があるということなのです。

☆ヒーリングは身近な文化の中にも

○初詣や七五三↓神々への挨拶や加護を求める行為（目に見えない世界を信じているからこそ大勢の人たちが利用している）
○鈴や鐘を鳴らすこと↓音によるヒーリング
○仏壇やお墓にお供えする線香↓香りによるヒーリング
○日光浴をしたり、自然に癒やされること↓天体や自然の力によるヒーリング
○温泉に入って心身を癒やす湯治↓パワースポットによるヒーリング

☆その効果（やり方は様々だが、期待される効果は似ている）

○夢や希望が叶うこと
○同じ志をもつ仲間と出会うこと
○自分の存在価値を実感できること
○肉体の自然治癒力が高まること
○幸福感を感じること

《注意点》ヒーリングやその他の手法の名前（名詞）よりも、その効果や本質に注目しよう。

修行 その4

身近にもあるヒーリングを発見する。

①

②

③

・それらの共通点や本質は？

うわべの名前、名詞だけにとらわれるのは愚の骨頂じゃ！

ヒーリングと一言に言うてもそれはただの名前、ラベルに過ぎんのじゃ。

お主の周りにある、ありとあらゆるヒーリング、それがお主にわかるかな？

まだわからんじゃろうなぁ。

「感」

5日目　氣（エナジー）を感じるの巻

ヒーリングを和風に言えば『氣』じゃ！
氣持ちの氣、氣合の氣、元気の氣。
そろそろ退屈しておるころじゃろうから
少し氣で遊んでやろうか。

この章では、本を読みながら、自分の身体を使って実際に氣（エナジー）を感じる練習をしていきましょう。

繊細な方や、普段から氣を意識している方は、この本自体から出ている氣（エナジー）を感じることの出来る方もいらっしゃるのではないかなと思います。

それでは先ず、一番簡単な氣の感じ方から。右手と左手を向かい合わせて、10㎝～20㎝くらいの間隔を空けて、近づけたり、離したりをしてみましょう。

そうすることで、徐々に手と手の間の空間に、温かい氣の弾力を感じることが出来る筈《はず》です。これは、両手から発せられるプラス（＋）の氣とプラス（＋）の氣が反発し合って生まれる、氣の弾力を感じている状態です。

先ずはこの練習を繰り返すことで、自身の身体を氣の領域に慣れさせていきましょう。

次ページにあるヒーリングワーク動画のＱＲコードから、実際にワークしている映像をご覧頂けます。

修行 その5

手の平に氣を感じる。

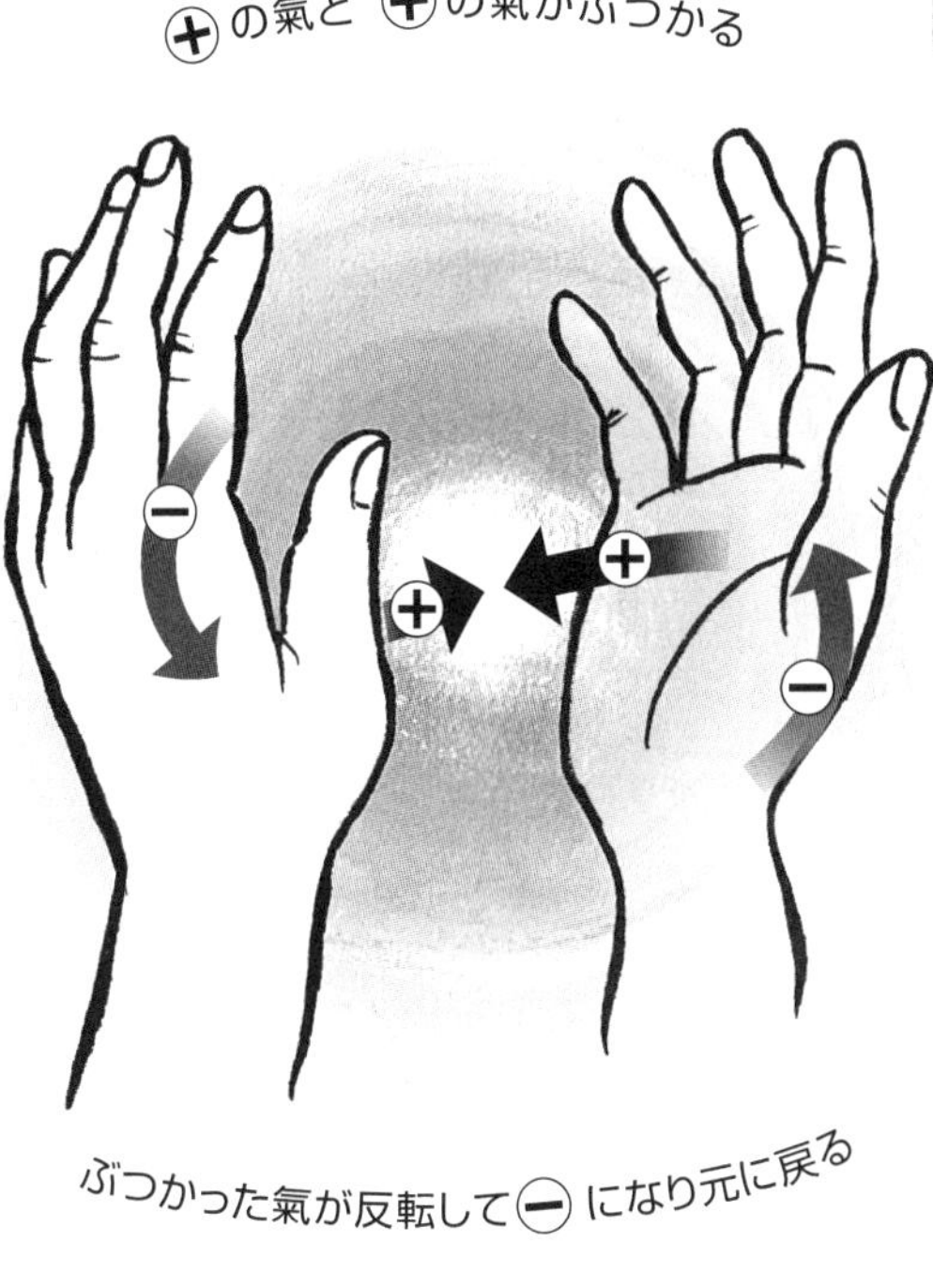

+の氣と +の氣がぶつかる
+
+
−
−
ぶつかった氣が反転して−になり元に戻る

ヒーリングワーク
動画 1

手と手を向かい合わせて
近づけたり
離したりしてみましょう

氣の修練表 ～継続は力なり～

年月日	氣付いたこと
年 月　日	
年 月　日	
年 月　日	
年 月　日	
年 月　日	
年 月　日	
年 月　日	
年 月　日	
年 月　日	
年 月　日	

「流」

6日目　氣（エナジー）を流すの巻

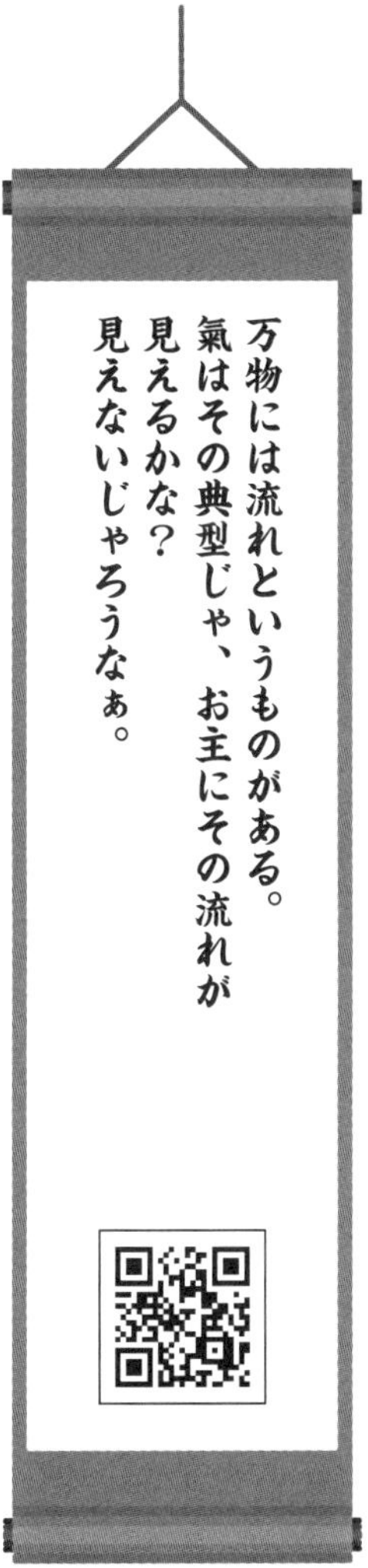
万物には流れというものがある。
氣はその典型じゃ、お主にその流れが
見えるかな？
見えないじゃろうなぁ。

前述した両手の間に氣（エナジー）を感じることが出来たら、今度は両手の間に生じている氣をどちらか片方の手に帯びさせます。

右に帯びさせる場合には、右手をマイナス（－）にして左手をプラス（＋）にするイメージで、左手から放出される（＋）の氣を右手の（－）が吸収して、プラスの氣を帯電するようにしていきます。

それが出来たら、**右手と左手がキャッチボールをしているようなイメージで、今度は氣（エナジー）を帯びている方の手から反対の手へと、交互に繰り返してみましょう。**

左右の手で氣の移動を繰り返すことで、氣が自分の意思で動くこと、氣には放出（アウトプット）と吸収（インプット）の二通りの性質があることを、身体で学ぶのです。

《注意点》

練習を行っているうちに、貧血やめまいの症状が出た場合は休止すること。

身体の氣が充実している必要があるので、休息や無理のない運動を取り入れた上で、氣のワークをするようにしましょう。

修行 その6

氣のキャッチボールをする。
※右がプラスの時は、左がマイナスになる。

	①		②		①		②
左手	(+)	→	(−)	→	(+)	→	(−)
右手	(−)	→	(+)	→	(−)	→	(+)

①
+
−
+
−
②

ヒーリングワーク
動画 2

今度は両手の間に生じている氣を
どちらか片方の手に帯びさせます

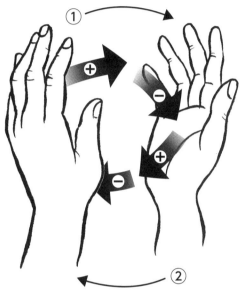

氣の修練表 ～継続は力なり～

年月日	氣付いたこと
年 月　　日	
年 月　　日	
年 月　　日	
年 月　　日	
年 月　　日	
年 月　　日	
年 月　　日	
年 月　　日	

シリウス慶氣の
ヒーリング
アカデミーより
④

「集」

7日目　氣（エナジー）を身体に集めるの巻

氣というものは流れるだけが能ではない。集めることもできるのじゃ。お主はそのことをよく学ぶが良い。氣を集めるということは様々なことにつながっていく基本なのじゃ。

修行その6の自分の意思で氣（エナジー）を動かすということが出来るようになったら、次はその感覚のまま自分の身体の様々な場所に氣を移動してみましょう。

先ずは、手と手の間を移動していた氣を、胸（ハート）の位置に移してみる。

そして次に、胸に集まっている氣を、今度は頭へと移してみる、お腹へと移してみる、といった具合に、身体全体を使って、氣を集めている部分を動かしながら感じていきましょう。

このワークに慣れてくると、ところどころ強く感じられる身体の部位や、なかなか感じることが出来ないような部位を発見出来るようになり、ご自身の身体の強い部分や弱い部分を、氣（エナジー）によって感知したりすることが出来るようにもなっていきます。

ヒーリングは、弱い所に氣を集め（＋）にする。そして、過度に氣の集まっている所を（－）にして引き算をすることで、バランスを整えながら行います。

《注意点》

氣の弱い所や、心配に感じられる場所を発見した場合、焦ってそのことだけに囚われないようにしましょう。氣の足りない所には、氣の足りている所からゆっくりと氣が流れるように意識をする必要があるからです。

修行 その7

自分の身体の各部位の氣を感じる。
感じたこと、発見したことを書く。

・頭

・喉

・ハート

・お腹

・丹田（おへその下）

・下半身（骨盤）

・足裏

ヒーリングワーク
動画 3

なかなか感じることが出来ないような部位を
発見できるようになれば上出来です

氣の修練表 ～継続は力なり～

～先ずは自分の身体をヒーリングしてみよう～

年月日	氣付いたこと
年 月　日	
年 月　日	
年 月　日	
年 月　日	
年 月　日	
年 月　日	
年 月　日	
年 月　日	

シリウス慶氣の
ヒーリング
アカデミーより
⑤

「説」

8日目　難しいことを簡単な言葉にするの巻

言葉にせよ。言葉にならぬことほど言葉にするのじゃ！
それがお主の肥やしになり他者の肥やしになっていく。
それができぬうちはまだまだじゃのぅ。

ヒーリングを行っていると、私たちは様々な不思議をこの世界に感じたり、別の次元の存在から様々な情報を直感的に受け取っていくことも出来ます。
ということは、その情報をどのようにして相手に手渡すことが出来るのかということが重要なポイントで、やり方によって「相手にとって有益な情報として効果的に伝わっていく」のか、はたまた折角の有益な情報も、流れてしまったり歪曲《わいきょく》して伝わってしまうのかが決まります。

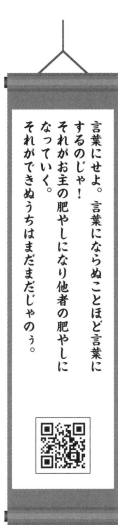

例えば、自分が直感によって相手に危険が迫っていることを知った場合には、**相手がそれを認識出来るような形で伝えなくては、折角の直感（目に見えない世界からの伝令）があっても、現実的にはあまり意味がありません。**

例えば、野球選手が仲間の受け取り易いところめがけてボールを投げることが出来るように、相手が目に見えない世界からのメッセージを、なるべく受け取りやすいように伝えること。

または、相手が既に受け取っているメッセージを整理しやすいように手伝うことも、ヒーラーやミディアム（霊媒）の重要な役割なのです。

そして、**相手に良い影響を与えられるか否かは、その後、ヒーラーやミディアム自身の人生が祝福されていくのかどうかにも影響がありま**すので、説明する能力は、ヒーリングそのものの能力の次に大切な能力となるでしょう。

このことは、専門のヒーラーではない様々な職業でも同じようなことが言えます。

説明する能力によって、人に伝わっていく物事の価値は変動していくからです。

修行 その8

自分以外の誰かに、目に見えない世界のことを説明する。（２人以上）

①どうだったか？

②伝わりづらかった場合には、説明の仕方を変えてもう一度説明してみる。何か違いはあったか？

×危険だけを知らせて、相手を必要以上に怖がらせてしまう。

(危険を知らせたいといっても更に混乱させてしまうなら言わない方が良い場合もあります)

△危険を知らせたいが、目に見えない世界に詳しくない人に対して、目に見えない世界の専門用語を多用して難しい話をして説明する。

○どのようにしたら危険なのかと、どのようにしたら危険を避けることが出来るのかのアイデアを伝える。またそれを避けることが出来ないような場合には、どのようにしたら大難を小難にすることが出来るかのアイデアを伝える。

◎右の○+アルファ そこに秘められた深い霊的な真実を伝えることが出来る。

(真に高次元世界の求めている結論はここにあります。大変なことから学びを得ることも良しとしている。例・人の苦しみを理解出来るようになり深いレベルでの愛を知ることや、苦しみの基になる因果を新たな因果へと変えて新たな経験を出来るようにすることなど)

これらの例のように、一つの事象に対応するにしても、言葉の使い方や伝え方によって与える影響や結果は異なるのです。

「道」

9日目　ヒーラーの成長の道

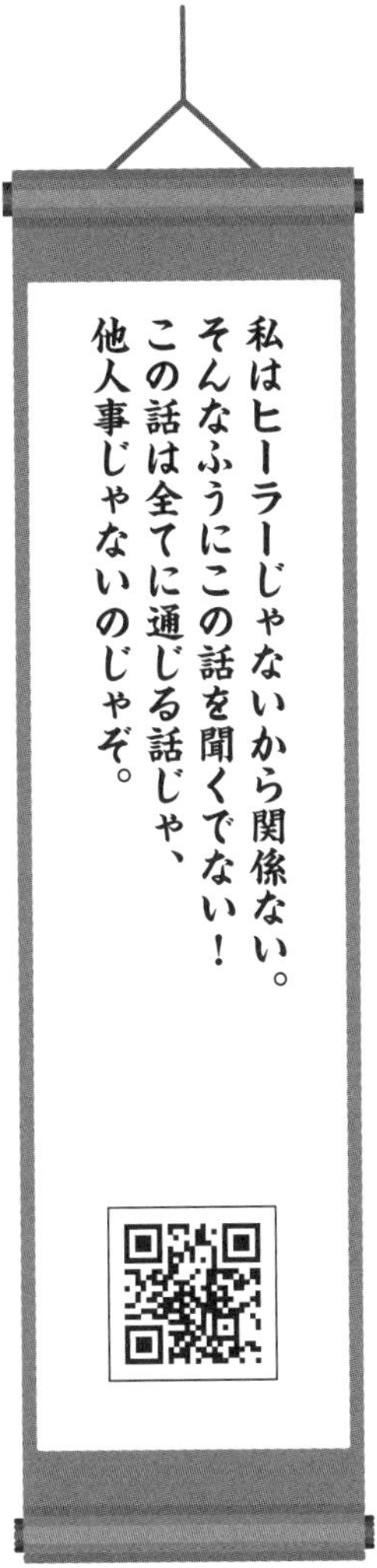
私はヒーラーじゃないから関係ない。
そんなふうにこの話を聞くでない！
この話は全てに通じる話じゃ、
他人事じゃないのじゃぞ。

現在、世界には沢山のヒーラーが存在し、数多くのヒーリングテクニックが出回っています。

その中で私たちは、どのように日々レベルアップをしていけば良いのでしょうか？

こちらのチャプターでヒーリングやヒーラーの見極め方を学ぶことで、各人の進むべき方向性の一助としてお役立てください（内容はヒーリングのお話ですが、解釈を広げることで他の専門分野や人生にも同じことが言えるでしょう）。

○知っていることのレベルについて

「知っている」という言葉のフレーズは同じでも、その中には以下のように、いくつかのレベル（段階）があります。

ヒーラーにかかわらず、成長の道の基本は、低エネルギーレベルからスタートして高エネルギーレベルへ至ることです。

ここでお伝えしている低エネルギーレベルから高エネルギーレベルという考え方は、低レベル=価値がないということではありません。

例えば、まだ読み書きに熟達していない幼稚園児が、小学校、中学校と段々と解るようになっていくように、ヒーリングのエナジーも、低エネルギーレベルでは解らなかったことが、人生の経験を通して高レベルになっていくにつれて、様々な事象が起きるようになったり、起きている事象の意味を深いレベルで理解出来るようになるということです。

各人に合っているヒーリングや好きな考え方は多種多様ですから、自分に合った生き方や手段を選択して、低エネルギーレベルから高エネルギーレベルを目指せば良いでしょう。

時間や経験の流れ

始 ∞ ←

0
何もしていない・これから始める
・全ての出発点
無

A
低エネルギーのヒーリング例
・心が動かない・身体が動かない
変わらない（影響力が弱い）

B
中エネルギーのヒーリング例
・心が動く・身体も動く
変化していく

C
高エネルギーのヒーリング例
・完全性を身近に感じる・現実が変わる
成ってしまう

← ∞ 終

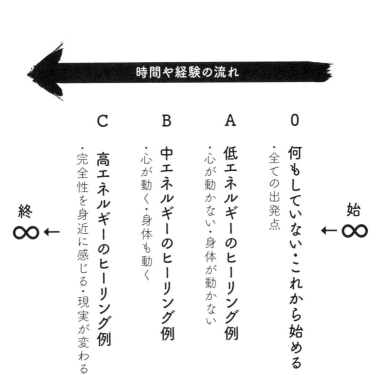

**今の自分が「修行1」を読んでいる時よりも
成長している点や新たに氣がついた点があれば
書いてみる。**
（修行１～８を必ずやってから）

2020年
シリウス慶氣の
ヒーリング
アカデミーより
⑥

「夢」

10日目　夢を活かすの巻

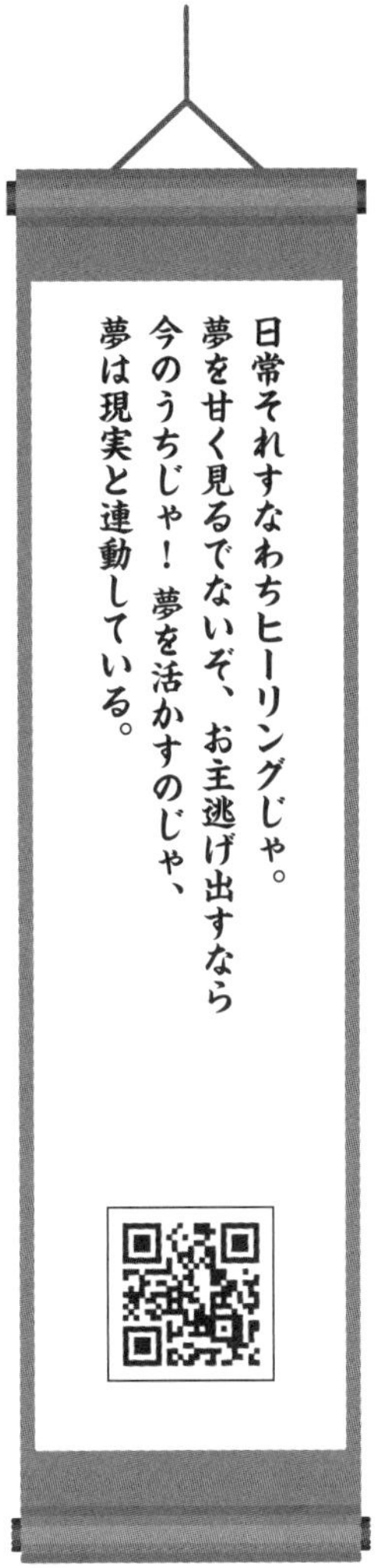
日常それすなわちヒーリングじゃ。
夢を甘く見るでないぞ、お主逃げ出すなら
今のうちじゃ！　夢を活かすのじゃ、
夢は現実と連動している。

人間は、一日あたり約8時間も眠ることで、一生の時間のうち約1/3を眠って過ごしています。

この眠っている時間は、潜在意識に滋養を与えたり、物質現実と非物質現実とのバランスをとる為の時間です**（この世で睡眠時間が必要であること自体が非物質の**

世界が存在していることを表現しています）。

そして、潜在意識の世界（つまりスピリチュアルワールド）から帰還して、現世での肉体を持った生活をスタートするのが朝の時間です。

私の朝は時折、昨夜から睡眠中に見た夢を思い出すことから始まります。

夢には、私たちが現世で眠っている間に非物質の世界において得てきている、現世を生きていく為の重要なヒントが満ちているのです。

一概に夢といっても、その種類は様々。

例えば、

○現状の自分の精神状態を抽象的に教えてくれている夢
○現実の生活に対しての具体的なメッセージを伝えている夢
○未来の危険を未然に防ぐためにみる夢
○物質世界で出来なかったことを夢の中（あの世）でやっている夢
○脳や身体のストレスの発散

○故人との再会やこれから会う人たちとの高次レベルでのミーティングなどをしている夢などがあります。

始めのうちは、インターネットなどの夢診断などを見ても良いですが、平均的な情報に頼らず、自分の勘で紐解《ひもと》こうとすることで、知らず知らずの内にオンリーワンのより自身の生活にフィットした答えが出やすくなっていきます。

それに付け加えて、私はスピリチュアルヒーラーであるという性質上、近々ヒーリングを受ける方々の準備を夢の中でしていたり、注意点が前もって示されたりすることもよくあります(氣がついていないという違いがあるだけで、皆さんも無意識的に、これからの人生で経験することの準備を夢の中でやっているのです)。

私は子どもの頃から低血圧ということもあり、昔から朝だということに氣がついてから約30分くらいは夢と現実の中間くらいを布団の中で過ごし、徐々に起き上がって生活を始めるといった感じで目を覚まします。その後の夢の分析の所要時間はだいたい5～10分程度。

お風呂が大好きなので、朝からお風呂の中で本を読んでいることも多々ありますが、水に浸かっている間はとても霊的なセンサーが繋がり易いので、夢の世界とこれから始まる現世との切り替えにも役に立っています。

朝食は基本的に毎日食べます。食べることで、目に見えない世界から受け取ったエナジーが変換されて、より物質世界でのエナジーへと変換されていくのです。

これがグラウンディングという効果をもたらして、肉体を持つ状態に意識を切り換えていくことに一役買っています。

ガイドから伝えられる夢の具体例

その時に考えていた海外渡航の日にちが夢に現れる。↓夢で見た数字の日にちでチケットを取り当日になってみると、前日までのフライトが台風でキャンセルになり、夢で見た日にちから正常運行することになった。

勘。勘なんて学校で教わっていないじゃと？
勘とは本能じゃ、本能の力じゃ。
動物に教わってこい！　皆知っておろうぞ。

2020年
シリウス慶氣の
ヒーリング
アカデミーより
⑦

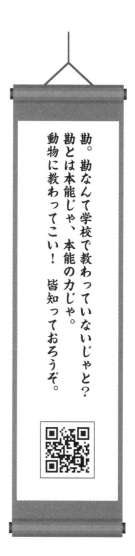

修行 その10

1回目・印象に残った夢を書いてみる

・その夢を自分なりに解釈してみる

2回目・印象に残った夢を書いてみる

・その夢を自分なりに解釈してみる。

何、朝食を抜いてきたじゃと？
お主わしの氣を吸うつもりか？
百年早いわ、出直してこい！

「言」11日目　言葉は言霊のヒーリングの巻

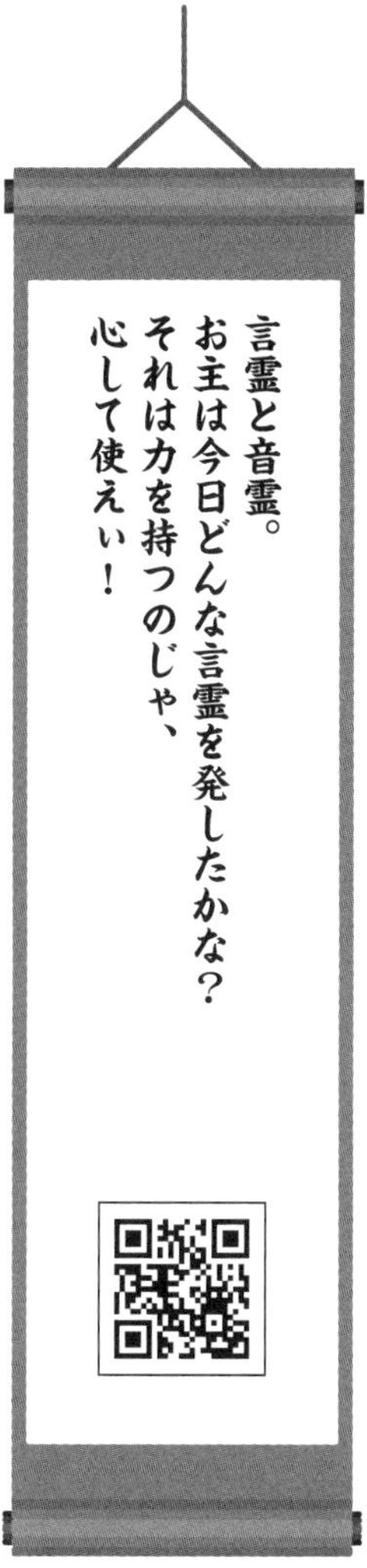
言霊と音霊。
お主は今日どんな言霊を発したかな？
それは力を持つのじゃ、
心して使えぃ！

わが家には現在４人の子どもたちがいて、それぞれ小学校、幼稚園、野外保育などへ通っています。家族の人数が多い分、連鎖反応が起こりやすく、家の中では日々様々な言葉が飛び交っています。

そして朝の時間は、子どもたちにとっても、一日の氣の方向性を左右する羅針盤のようなひとときなので、各々が出来るだけ気分良く、一日の活動をスタートすることが出来るように、雰囲気作りや言霊（言葉のエナジー）を意識して放つ（話す）ことがとても有効です。

例えば「今日も楽しい一日を！」「今日も元氣に帰ってきてね」という何気ない言霊も、その言葉に自分の想いを乗せて受け取る相手に作用するという言霊のヒーリングになり、**大切な人たちを守る力になります。**

それは日々、私たち一人一人の発する言霊のエナジーが、私たちの日常に起こることを決定しているといっても言い過ぎではありません。

反対に、時たまネガティヴな言霊が出てきたとしても、受け手（聞き手）のエナジー次第では、そのネガティヴの奥にある高次元の部分の氣づきと共鳴すると、負のエナジーも無効化されて良いエナジーに戻るということもあります。

これが出来ると、いたずらに負のエナジーを恐れずとも生きていけるようになります。

一見ネガティヴなことを変容させることで、ポジティブなことに変えてしまうということは、正にその瞬間ヒーリングが起きているということなのです。

《注意点》

ポジティブにこだわり過ぎてストレスを溜めると逆効果になることも。自らの氣づきによって自然とポジティブに出来ると尚良し。

2020年
シリウス慶氣の
ヒーリング
アカデミーより
⑧

頭によぎったネガティブなイメージを、ポジティブな言葉に変換（ヒーリング）してみる。

例・注意された→ヒントを貰った

変換
→

変換
→

変換
→

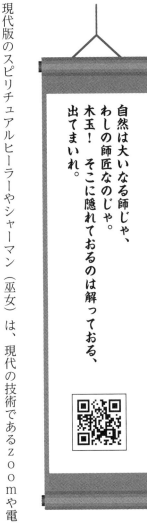

「歩」

12日目　自然は知恵やヒーリングエナジーを与えてくれるの巻

自然は大いなる師じゃ、わしの師匠なのじゃ。木玉！　そこに隠れておるのは解っておる、出てまいれ。

現代版のスピリチュアルヒーラーやシャーマン（巫女）は、現代の技術であるｚｏｏｍや電話セッションなども活用して、世界中の様々なエリアで活動が出来るようになりました。

だからこそ、私たちの意識（魂）の器になる個の肉体を、日々の生活の中でしっかりと使うことが、健康的でバランスの良い日々を送っていくことに繋がります（遠隔セッションは意識を遠くに繋ぐ分、ヒーラーは、肉体の健康をしっかりと維持する為の運動や食事をして、バランスを崩さないようにすること)。

ちなみに私は、神奈川県の葉山町に住んでいるのですが(2021年現在)、葉山には海もあり山もあるので、朝の時間に余裕がある時には、あえて遠回りをしてトレッキング(山歩き)をして、自宅から私の職場である(ヒーリングサロン・シリウス)まで行くことにしています。

遠回りをして山道から歩いて行くと、時間は通常の3倍くらいかかるのですが、上がりと下りによる足のトレーニングと共に、呼吸から森林のエナジーを取り込むことが出来るのです。

ちなみに、ヒーラーやシャーマン(巫女)という存在には、古来自然と人間の中間に位置して繋ぎ役をするという役割があります。

葉山の山や緑地に暮らしているトンビやカラス、リスやタヌキといった、人間以外の生命たちの暮らしや視点にも自然と意識が向くことも多く、それらをよく観察することは、ヒーリングエナジーや人生の様々な局面に対するヒントを得ることと結びついていくのです。

身近な環境の中に海や山がない方は、木のある公園や、新鮮な野菜や果物を食べることなどを通して自然的なエナジーを生活に取り入れることで、本来完全に調和が取れている自然の循環と同調し易くなり、ヒーリングエナジーを自身のオーラに取り入れることができます。

自然の中で息づいている多種多様なエナジーの例

◯トンビ↓空のハンター・俯瞰《ふかん》的な視点・全体を見ることができるような野生の氣を持っている（風の力を利用することで最小限の力で飛び、上空からの優れた観察眼は自分が行くべき目標やその経路までも的確に捉えている）。

◯リス↓ずば抜けた敏捷性《びんしょうせい》をもつ・周辺の音や動きに素早く対応する氣（津波が押し寄せても、彼らはその身体能力で上へ上へと木から木へあっという間に逃げられるだろう）。

◯人間↓生身の人間はとてもか弱い生き物だと氣がつく。↓謙虚さの氣

◯地形↓例えば朝露《あさつゆ》で湿っている木の根っこは滑って転倒する可能性が高くなるので、一歩一歩瞬時に安全な着地点を判断しながら進むべし。かといって下ばかり見て進んでいたのでは、顔に向けて鋭利な枝が迫ってきているので、一つのことだけにとらわれてしまうのは禁物。

↓同時に様々な対象に氣を配る氣（マルチタスク）

○山からの視点↓町を歩いていた時に大きく見えていた家々がとても小さくなり大差なく見えてくる。地上にいた時よりも海や空の広さ、山の大きさをありありと感じる。↓大局的な感覚を与えてくれる氣

このように、古代のシャーマンとは、人間だけではなく多種多様な動植物とも深く繋がり、様々な知恵や力（氣）を得る能力を持つ人のことでした。

高度な科学技術はなくても、薬草学など人と動物と共存して生きていくという知恵を、現代人よりも豊かに持っていたのです。


これらはほんの一例に過ぎないのですが、私たちが様々な生きものや自然の持つ素晴らしい氣に氣が付くことで、昔の人たちのようにそれらの自然界のエナジーと繋がっていき、日常の生活に応用していくことが出来ます。

鳥のさえずりや樹々の生命力は、今も私たちの命を助けてくれているのです。

※樹々の霊的エナジーである木霊（オーブ）が動かないことに対して、ヒーリング時の光の玉（オーブ）は、私たちのヒーリングの為に意志を持ち動き回ります。

シリウス慶氣の山道通勤動画①
（山道）

シリウス慶氣の山道通勤動画②
（頂上）

修行 その12

自然の中から発見したことを日常に活かす。

・自然の中で発見したこと

・その発見で日常がどのようになったか？

ここからはこの木玉の
役目、謹んでお受け致す。
お主も心して
ついてまいれ、
ちと厳しくなるぞ。

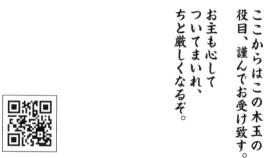

「日」

13日目　ヒーラーの一日の流れの巻

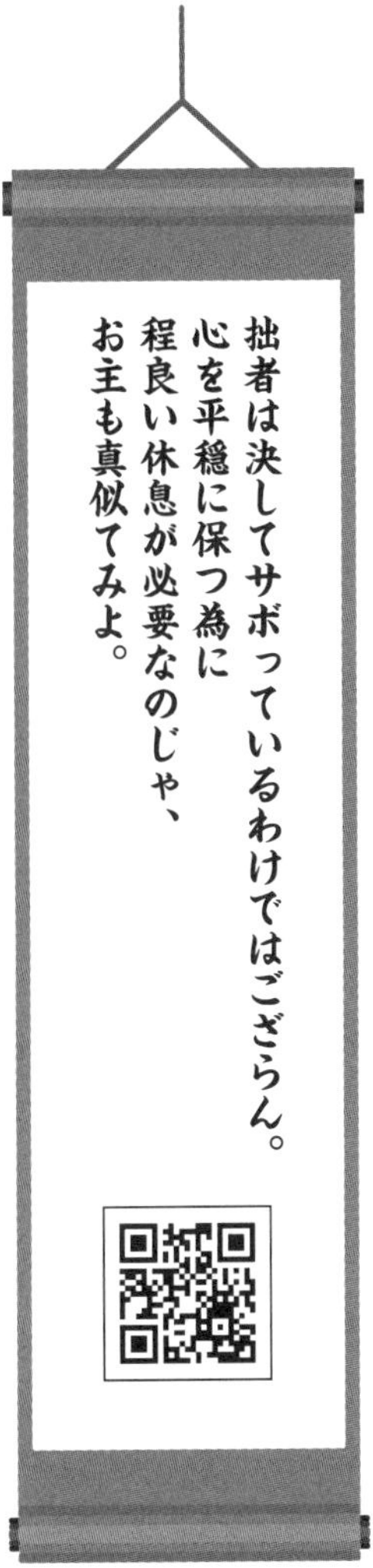
拙者は決してサボっているわけではござらん。
心を平穏に保つ為に
程良い休息が必要なのじゃ、
お主も真似てみよ。

（ここではあくまで参考までに、ヒーラー（シリウス慶氣）の一日の流れを説明します）

朝・山道もしくは普通に徒歩、車などでヒーリングサロン・シリウスへと到着。

その日に来るゲストに必要なエナジーを持つスピリチュアルな世界からの存在が降りてくるので、同調する為の時間を室内で過ごしながら、ゲストの到着を待つ。

※ヒーリングサロン・シリウスの中はスピリチュアルなエナジーの領域になっていることから、実務的なことを行うには向かないので、その他の作業がある場合には近くの海岸やカフェで行うことが多い。

日中・ゲストが到着
↓世間話やスピリチュアル、宇宙の話などの話をする（お互い好きなことを話すので特に決まりはない）。
↓徐々にゲストのエナジーと、ヒーリングのエナジーが交わり、話している段階から既にヒーリング（癒やし）が起きてきたり、その時に現実社会でのガイダンスや注意点があれば、スピリチュアルな世界から直感的に受けとって、ゲストに伝えている。
※カウンセリングのみの場合にはここまでで完了
↓スピリチュアルヒーリングセッションをする。

　ゲストに奥の間にあるヒーリングベッドに横になってもらい、より深い領域でのヒーリングを行う（※ご自身のヒーリングセッションで光の玉が飛び交う様子を撮影することが出来る↓要予約）。

この領域ではより完全性や安全性が求められる為に、ヒーリングの行程は全てスピリチュアルな世界のエナジーに委ねることになる。

（※ヒーラーは自然界に存在する完全性や治癒力の媒体となる為に自分自身を一時的に明け渡すこととなる）

↓カウンセリングルームへと戻りフィードバックして終了

スピリチュアルヒーリングセッションが終わったら元の部屋に戻り、感想を聞いたりどのようなヒーリングだったのか説明する（撮影を希望した方はどのようなヒーリングだったのかを動画でチェックする）。

スピリチュアルヒーリングセッション時は、言語を司る脳波から、穏やかな波長の脳波に移行をして変性意識状態に入っている為に、話すことで自然と日常生活をする為の脳波に戻ることが出来る。

夜・基本的には日が暮れる前には自宅へと帰宅します。

家族が多いので家は賑やかで、何か特別なことをする訳ではなく、皆でご飯を食べたり映画を観たりして一日が終わる。

ヒカルランド
何かこう雷がアースしたみたいな
感じになったってことですね
そうそう、静電気がパーンと飛んだような・・・
何か金属でもあるのかなと思って

シリウス慶氣の
実録！シリウスヒーリング ①
対話→ヒーリング→シェアリング→後日談

改めて自身の１日の流れを書き出して、
流れを確認する。

・朝

↓

・日中

↓

・夜

・一日の流れを書き出してみて氣がついたこと

★１日の流れの中に、嬉しいことや元氣の出るイベントを取り入れる工夫をすると、良いエナジーを取り込む習慣となっていきます。

「練」14日目　成長する魂の巻

> この世は学び舎、
> 拙者はいつまで学ぶのだろう。
> 今はまだ先が見えぬ、
> お主も闇に心とらわれるなよ、いいな。

皆さんは、魂は成長するということを聞いたことがあるでしょうか？

物質の世界にも様々な種類の成長があるように、魂の世界にも成長があります。魂は、私たちの置かれている環境や経験をしてきたことなどによって、大きくなったり小さくなったり、輝いたり曇ったりもする、別次元にある私たちの存在の本質なのです。

魂は喜びの氣で輝きを増して、悲しみの氣によって曇り空のように光を隠してしまったりと、私たちの意識の在り方や経験次第で、良くも悪くも表情を変えていく非物質の生命体なのです。

そしてこの物質宇宙には、惑星という個々の天体という塊があり、地球の中に存在する多種多様な鉱物や生物も、全てそれらに似ている魂という非物質のエネルギーを持っています。

この地球上の生物や各々の物質が成長したり、また分裂をしていくように、魂もまた、合体と分裂を繰り返していきます。

つまり魂は、私たちの暮らす惑星のように、成長してエネルギーを増したり、分裂をしてエネルギーを放出したりしながら時空を旅しているのです。

この地球上にある私たちの様々な学習とは、正に魂がエナジーを集めて成長しようという行為の現れであり、同時に子孫を残したり、ある考え方や技術を広めていくという行為は、分裂して放出していくという、魂の変容行為なのです。

そして、スピリチュアルヒーリングとは、この魂の性質と私たちの肉体や意識を同調させることによって、様々な変容や癒やしを具現化していく手法ということになります。

具体的には、人生の様々な見えていなかった可能性に氣がついたり、本来この世界で体験したり発見したりすることが出来るように、それを困難にしている状況や症状を改善したりすることが出来る力を、私たちの魂が宿しているので、その力を引き出すということなのです。

現在、シリウスヒーリングをしている最中は、単なる自然現象を超えた動きとして光の玉（オーブ）が飛び交っているということがビデオ撮影により解っています。

ビデオ撮影時に映っている光の玉は、ヒーリングエナジーそのものが空気中の水分やチリに干渉した現象でもあり、スピリチュアルメッセージを伝えるメッセンジャーでもあります。

※参考図書『オーブは希望のメッセージを伝える』クラウス・ハイネマン／グンディ・ハイネマン

シリウスヒーリング時に映り込む
光の玉（オーブ）動画
「亡くなった先祖が思うこと」
（2021 年 3 月 25 日）

実践！シリウスヒーリング入門編　いかがじゃったかな。
人生は何があるのか解らんものじゃ。
ゆえに、今日一日を大切に　甘く見てはいかん！
今日の積み重ねが明日へと通じる、光の道なんじゃ！
引き続き、励まれよ！

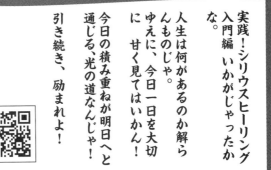

自身の人生を、魂の視点で振り返り、マップを完成させる。

・どんな子どもだったか？

・学生時代

・　　　　　　　　時代（ご自身で書く）

・　　　　　　　　時代

《まとめ》

私は　　　　　　　　　　　　　　　　　　　　な魂だろう。

初級編

修行15日目～31日目

「力」

15日目　五大神通力（霊的能力）を知るの巻

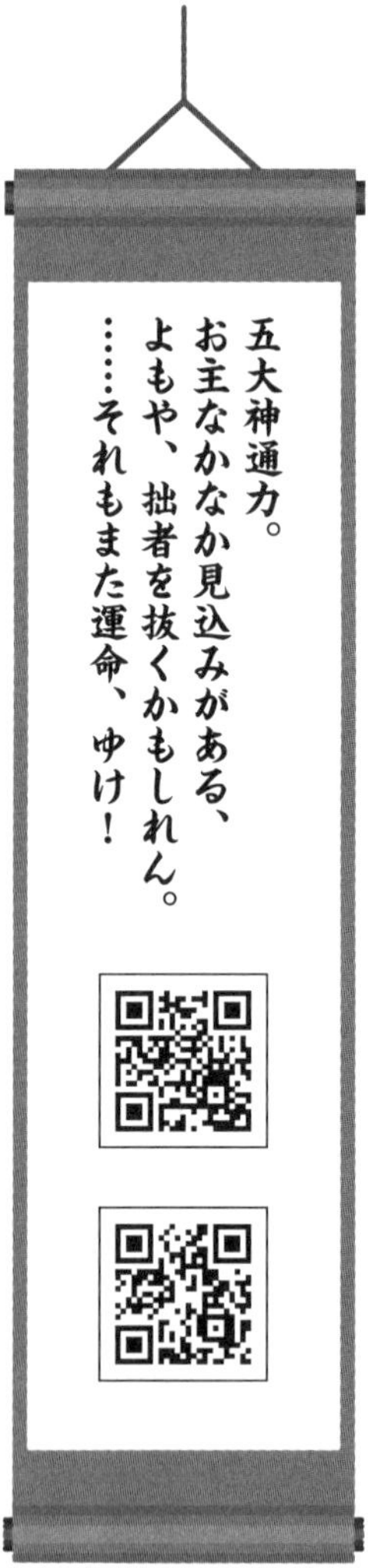
五大神通力。
お主なかなか見込みがある、
よもや、拙者を抜くかもしれん。
……それもまた運命、ゆけ！

この章では、この世界で私たち人間が持ちうる非物質的な能力（いわゆる霊的能力）の種類や特性を知っていきましょう。

そのことが解ると、より自分自身の得意分野への氣づきや、自分とは別の才能を持つ人たち（能力者）への理解へと繋がっていきます。

大きく分けると、スピリチュアルな能力には5通りあり、能力者はそのいくつかを併せもっている場合もあれば、反対に能力がまだ現れていない場合には、一つも使えていないという場合もあります。

能力は多くの場合、その方に縁を持っている別の世界の存在の力の現れであることが多いので、ある時を境に、全く能力のなかった所から突然現れてくるといったことも起こり得るでしょう。

第一の力　見える能力

第一の力は見える能力。
時空を超えて非物質の世界から
見ることのできる力です。

先ず五大神通力の第一の力は、本来なら目には見えない筈の情報が視覚的に目で見える（脳内に映し出される）という能力です。

生命の放つ、オーラと呼ばれている非物質的な生態エネルギーの放出が、色によって見えたり、言葉が視覚的に浮かんで見えたりする、もしくは先祖や守護霊、はたまた過去や未来の情景が視覚的にそこに居る（もしくは在る）ように見えるというような能力です。

ちなみに私は現在のところ、この力を基本的には持ち合わせてはいません。しかし、必要とあらば目に見えない世界のガイドスピリット（パートナー）から見させてもらうということも稀《まれ》にあります。

例①見えた情景が、相談者のこれから引っ越しをする場所の候補の中に既に存在していて、最初はハードルが高いと思われていたが、最終的にはそこに決定することになった。

例②物理現実ではまだ見ていない重要なものや人を先に見せられる。

何故見たのか？
理由：事前に見ておくことで、実際に決断をしなくてはならない時に誤りにくくなる。
※別の世界のガイドスピリットは必要に応じて、私たちに何かその時に必要なイメージやヒントを見せることができる。

そしてこのような能力は、文字通り目に見えない力ですので、その能力を誤用することのないように、霊的世界からしっかりと管理されているのです。

この世界は様々な力のせめぎ合いで成り立っていて、本来の力自体には良いも悪いもありません。私たちがどのような意図や目的で様々な力を利用するかによって、有用にもなれば、反対に仇《あだ》となって自滅することすらあります。

だからこそ別の世界の、ご先祖様も含めた霊的存在たちからしっかりと管理されているのでしょう。

光の玉（オーブ）動画
毎回同じ様に映るのではなく、毎回違ったパターンで必ずといってよいほどヒーリングのテーマに連動した形で映る。
（2021年４月４日）

《注意点》

本来であれば見えない何かが見えるということが重要なのではなく、見えたとされる情報がそもそも現実的に役に立つことなのかどうかが重要。

（例：霊の存在を見た↓その霊が以前その場所に実際に生きていた人だということが解った↓そのことによって、目に見えない世界に興味を持つことに繋がり↓後に同じような状況の人たちの力となった）

光（オーブ）の氣づき

その時重要なヒーリングポイントや物事を知らせるように、その場所に光（オーブ）は現れる。

〈例〉この本を書いている時は、部屋全体を撮影した中で本棚の周りに一番多く光が現れていた。

第二の力　聞こえる能力

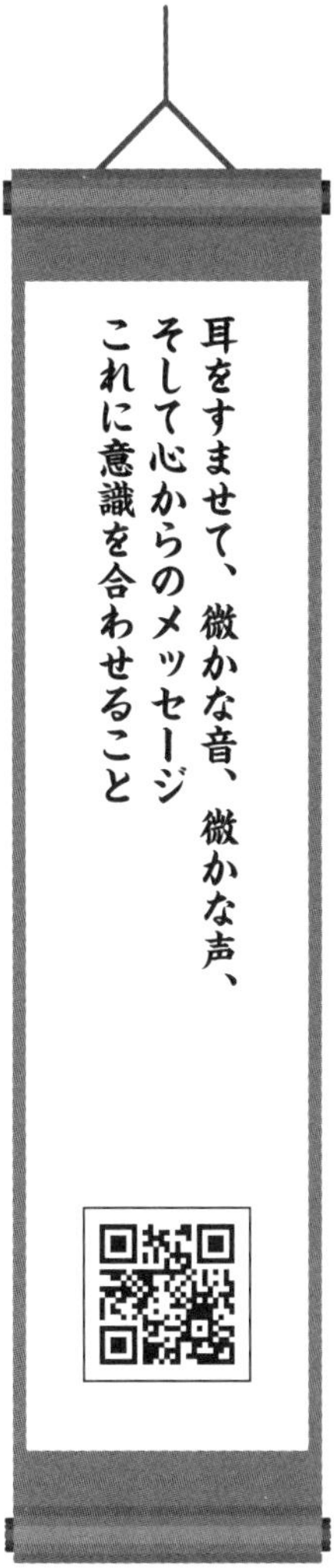
耳をすませて、微かな音、微かな声、
そして心からのメッセージ
これに意識を合わせること

次に紹介する能力は、聞こえる力です。

この能力を持つと、本来ならば聞こえない筈の言葉が脳内で聞こえるようになります。

私たちが普段から聞いている言葉や音も、実は、空気の振動を最終的に脳内で非物質的な信号へと変換して伝えているのですが、聞こえる能力を持つ人には直接その最終的な信号が、目に見えない世界から脳へと送られてくることにより認識するのです。

例えば、何か重要な転機の前触れとしてメッセージが聞こえるパターン、突然「待ちなさい」

という声が聞こえてなんだろうと一瞬立ち止まっている間に目の前で交通事故が起こったりしたケースや、私の場合には、カナダに住んでいた時に直接声が脳内で「これからあなたのDNAを変える」というように響き、その後シリウスヒーリングの能力を得たということもありますが、普段はやはりこの聞こえる能力も、第一の力と共に封印されています。

封印が外れて聞こえる時のイメージとしては、実際の会話をしている時のように、声や音を発している相手が目に見えないというだけで、音や言葉として普段聞いている感覚と似たように聞こえます。

音として聞こえる程には経験したことがない方も、ある時ふと「○○をしたら良いのではないか」などの思考が突然現れたりすることはありませんか？

その情報がもっと濃くなることで、まるで作曲家の脳内で音楽が鳴り響くように、具体的な言葉としてメッセージが聞こえるようになる人も世の中には存在しているのです。

《注意点》

聞こえれば何でも良いということではなく、別の世界で私たちを助けようとしている存在や、私たちを愛している存在の声を聞くことが出来るということが重要です。

この世界にも別の世界にも低級（霊）というものがあるので、中身によっては、聞こえることの方が害になるということもあり得るからです。

自分の器を磨けば、磨いた自分に合った能力が現れてくるので、自分自身の成長が大切です。

光（オーブ）の氣づき

部屋やヒーリング時を撮影した時に映りこんだ光（オーブ）を見つめていると、言葉に変換されてメッセージを受け取ることができる。

第三の力　解る能力

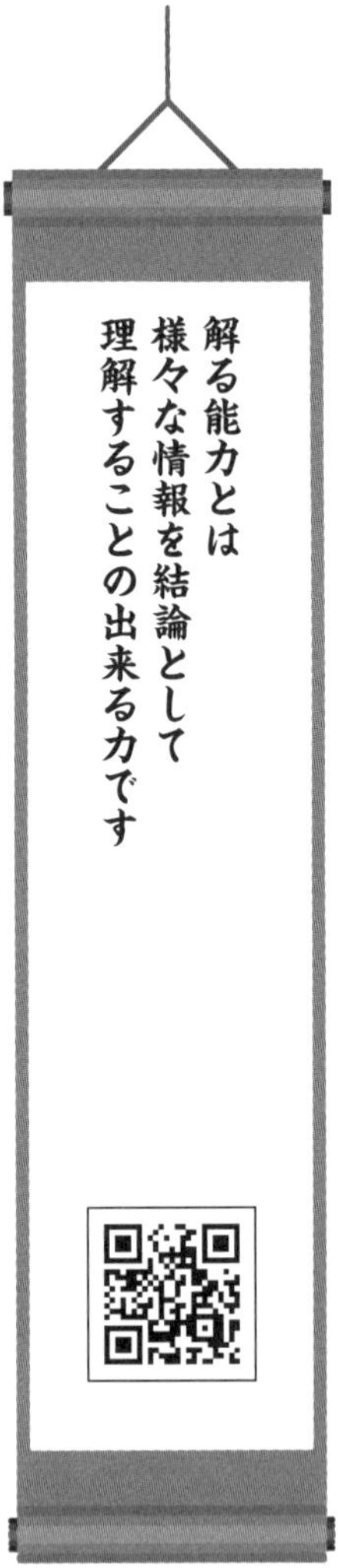
解る能力とは
様々な情報を結論として
理解することの出来る力です

第三の能力は解る力です。

実はこの能力があれば、第一の能力も第二の能力もあまり必要性がありません。見えること、聞こえることは、別世界からのメッセージを最終的にこの「解ること」へと繋ぐ為の橋のようなものでもあるからです。

そしてこの解るという能力が一番幅のある能力で、いわゆる「直感力」と言われているものです。

例えば、経営者の方々で、特に何かが見えたりする訳ではないけれど、その場その場の様々な状況でどうすれば良いのかなどの〝判断が解る〟方々や、何らかの専門分野においてのプロフェッショナルの方々が、素人には到底わからないような難しい事の解決策や改善点が〝手に取るように解る〟などもこの能力に属します。

この解る能力は、実際の経験から物事の先行きが解るようになったり、もしくは経験していなくても最初から解る「センス・才能」によってもたらされます。

前者は、今世の自分自身の人生を通して、身体が自然と経験してきたことによって解るようになることで、解るまでには時間や労力がかかりますが、一度その状態になってしまえば、自分自身に刻みこまれていることなので、とても安定感があります。

それに対して後者の「センス」の方は、先祖や未来の魂など、既に前者の経験を持っている存在よりもたらされます。

例えば、今私たちが住んでいる家や土地には、以前誰か別の人が住んでいたりすることがありますが、それと同じくらい自然な事として、誰かが過去努力して獲得した能力や専門性が、時と場所や人を変え、新たな宿主の元へと生まれ変わるのです。

つまり大きな意味では、前者の能力と後者の能力は全く同じものだといえるでしょう。

前者は、自分が努力して獲得した能力で、自分の為だけのものには留まらず、いつかは誰かのものになり役に立っていきます。

後者は、努力をしていないのに能力があるということは、その能力を誰か他者の為や、何かの役に立つ為に使う責任を持って生まれてきたということを暗示しています。

私の場合には、通常何かが見えたり聞こえたりすることはありませんが、ヒーラーですから、どの部分の波動が弱いかなどの知覚により、身体の病気になりやすい注意点や、どの部分が強いかなどの知覚によって、その方の長所が解ります。

これも一つの解る能力です。

つまり自分の使命に対して必要性がある能力は、人生の中で現れてきやすく、必要性が低い能力は現れてきづらい（もっと必要な人の元へ集まっていく）ということが言えます。

《注意点》

一度解ったと思ったことが、その後どのように成就したか、過程において変化や修正が必要なことは起きていないかなども含めて、現実で確認をすること。

どのレベルで解っていたのかということも、幾重にも存在しているので、魂の成長に合わせて、深いレベルで解るようになるように意識すること。

光（オーブ）の氣づき

光（オーブ）は、目に見えない世界が見えるようにと、エネルギーの密度を変えて私たちの前に現れてきてくれているものです。

つまり、普段私たちの目には見えないけれど、時としてこうして私たちが解るように姿を現して、私たちが安心したり実感したりすることを助けてくれています。

第四の力　予知能力

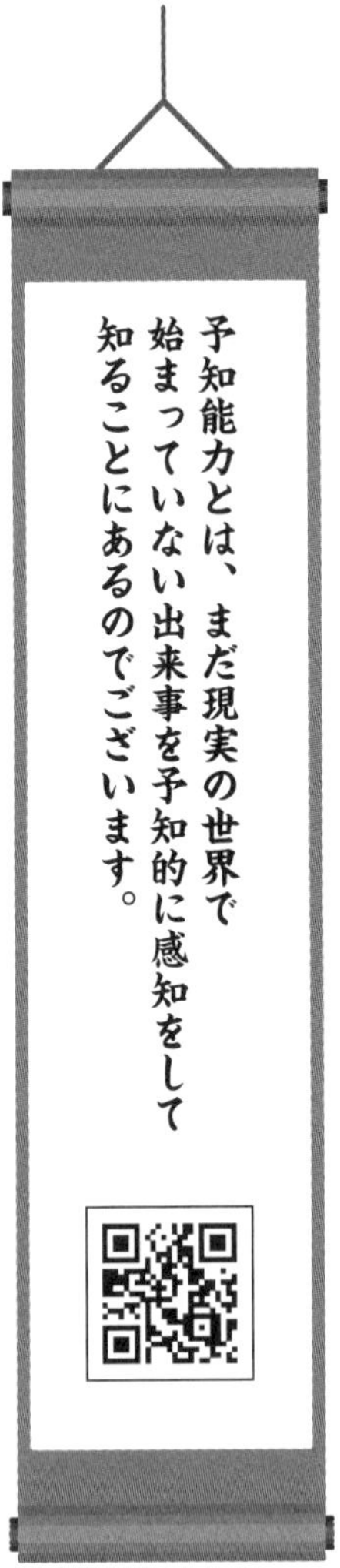
予知能力とは、まだ現実の世界で
始まっていない出来事を予知的に感知をして
知ることにあるのでございます。

第三の能力がとても現実的であるのに対して、第四の能力である予知能力はとても超常的です。

つまり予知能力を預かっている者にとっての未来は、一般的な感覚の未来とは違い、この世界には既に決定している未来の部分が多くあり、その部分を理解する能力が発達していることになります。

この能力も第三の能力にとても似ている部分がありますが、より特化すると、経験則からはわかり得ない筈のことが事前に解るようになります。

そして、第一や第二の能力を通して、時間を超越した世界の存在（魂）から未来の情報を見たり聞いたりするという場合もあるので、個々の能力は本来一つの大きな力の現れ方の違いなのです。

当てずっぽうで未来の出来事を予想することは誰にでも出来ることですが、その予想が未来においてかなりの確率で的中するならば、その人は本物の予知者（予言者）の能力を持っているということになります。

能力者の力が何らかの要因によって落ちてくると、当たっていた予知も当たらなくなります。

重要な点は、予知能力を何に使うかということで、高い能力を持つ能力者は、個人的なレベルを超えた役割を担っています。

《良い予知の例》予知によって、持って生まれた運命を果たせない者を減らす＝予知によって人生を開く手助けになっている。

私の場合にはささやかな予知ですが、以前結婚したての芸能人のカップルを見て、数年後に離婚するだろうなということが突然解ってしまい、数年後に実際その通りになったことなどがありました。

これは私たちの現実にとっては意味の薄い予知ですが、予知能力によって何か重要な変化があったという訳ではなく、既に決定している一つの未来を予知したことによって、その様な力が事実この世界に存在していることを、別の世界の存在が私たちに教えてくれているということなのです。

他には、この先の未来に明るい出来事や変化があることを知るなど、未来の希望を予知するようなことは、そのプロセスにおける苦労を軽減したり、途中で挫けずに物事をやり遂げる力に繋がったり、他者を励ましたり、危険を回避させることにも繋がります。これらが予知能力のポジティブな側面です。

《注意点》

本当に宿命付けられている運命というものは、たとえ予知を知らなくてもその宿命通りのことが起きるので、いたずらに予知を恐れたり、未来を氣にかけ過ぎることで、今を生きる自分の人生の質を落としてはなりません。

元来、予知能力というものは、現在を生きる私たちを助けて楽にする為のものであるのだから。

光（オーブ）の氣づき

日常の中で、ふと氣になった人や物や場所があった時、その背景には、それを私たちに知らせている目に見えない存在がいます。

私たちはその氣を感じているのです。

第五の力　ヒーリング能力

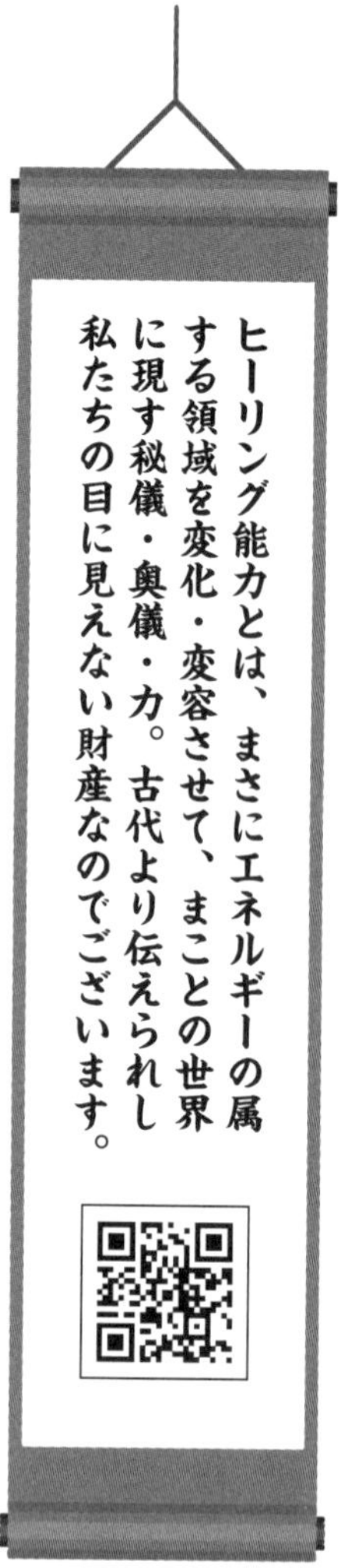
ヒーリング能力とは、まさにエネルギーの属する領域を変化・変容させて、まことの世界に現す秘儀・奥儀・力。古代より伝えられし私たちの目に見えない財産なのでございます。

そして第五の能力は、現実を変える力（ヒーリング能力）です。

第一～四の能力（見る、聞く、解る、予知）も何かを変える為（本来の姿に戻す為）に起こることであり、スピリチュアルな現象にかかわらず、物やイベント・人間関係などでも、行動や心境に変化が起こるのであれば、第五の力を発動していることになります。

植物や海などの自然がこの力を宿していることはもちろんのこと、健康食品であれ、運動療法であれ、人に前向きな変化を与えるような素晴らしい贈り物や芸術なども、全てこの変える力を宿しています。

ひいては宇宙の天体や太陽の光なども、睡眠による陰陽のバランス関係など、全ては本来のあるべき状態（自然な状態）に戻す力を持っています。

スピリチュアルなヒーリング能力とは、それら様々な力を掛け合わせて、物質と非物質の両レベルにおいて発現する能力のことを言います。

ヒーラーは、その集めた力（ヒーリングエレメント＝生命の生分）を用いて、人の様々な症状や運命に、影響を与えるという能力を発揮する人なのです。

この能力は、現実を変える力という性質上、五大神通力の中でも最も他者への影響力（干渉度合い）が強い能力になります。

ですから、高いレベルでのヒーリング能力の発揮においては、ヒーラー自身の思考や判断というよりは、多くの部分がヒーリングに携わるガイドスピリットたちの手に委《ゆだ》ねられるという性質があります。

私自身、約10年間はヒーラーとして活動しているので、一番発揮している能力は無論このヒーリング能力にあたります。日々この能力を使っているからこそ、日々目に見えない世界に存在する魂や力を、人一倍身近に感じているのです。

そして、各種のスピリチュアルな能力は、高くなればなるほどに、一個人の知識ややり方はあまり意味をなさなくなり、高次元の存在の手となり足となっていき、ヒーリング時には自分自身の肉体を明け渡すことになります。

すると、自分の魂が肉体から離れるというハイリスクな側面がある分、しっかりとバランスが取れれば、目に見えない世界から受け取るエナジーも、高く大きくなるようになっているのです。

もし、これを読んでいる方が、これから少しずつでも高いヒーリング能力を得たいという場合には、先ず器としての自分のヒーリング経験を積むこと、そして目に見えない世界との強い信頼関係を育てていくことをお勧めします（器が弱いと高次元の世界とは波長が合わずに繋がりにくい為）。

スピリチュアルなヒーリングは、施術が終わりしばらくすると、ヒーラーは普段の自分の状態に戻ることが出来ますが、最初のうちは、肉体に様々なエナジーが出入りしている為に、ヒーリング中のことはあまり覚えていることが出来ません。

ヒーリング後には、しばらくヒーリングに関しての会話をしたり水を飲んだりしながら、再び高次元の存在と自身の魂が入れ替わり、グラウンディング（180ページ参照）をして元に戻ることをお勧めします。

《注意点》

ヒーリングには、ダイレクトに生命エネルギーのやりとりをする要素が多いので、ヒーラーは決して頑張りすぎてはいけません。そうすると、自分の個のエネルギーを過度にすり減らしてしまうのです。

ヒーラーは、ヒーリング時に高次の意識に自分の意識をリラックスして合わせることが重要です。そして、ヒーラーは波動（エネルギー）を高めようと、自分の意識を上へ上へと向けてはいけません。

自分の器を高めることで、上にあるように感じている領域を身近に宿せるような意識を持ちましょう。

修行 その15

自分の能力のバランスをグラフ化してみる。

※例：日常の中で人の話をよく聞けるなども能力と見なして良い。

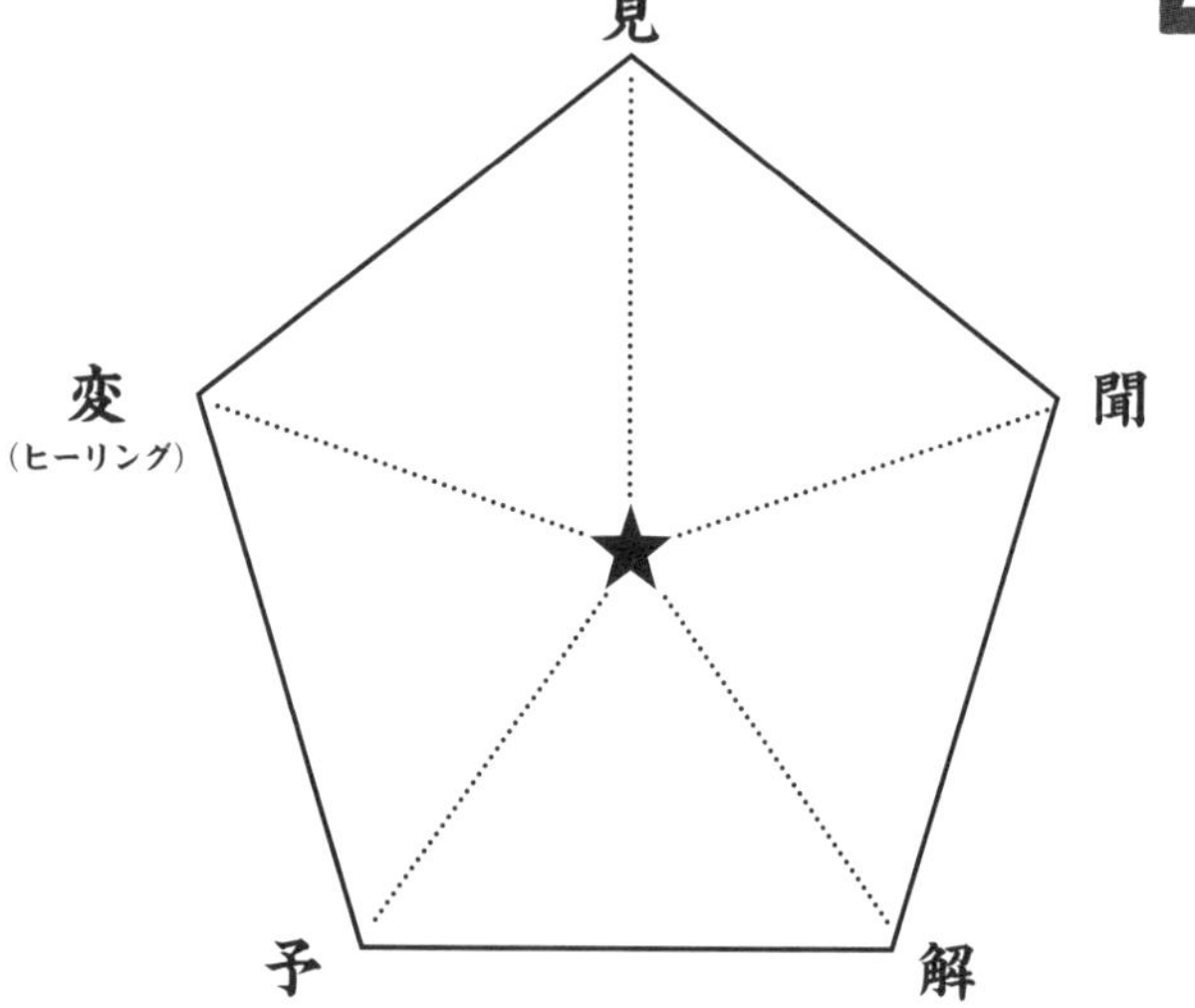

私たちの内側に潜む
いくつもの神秘的な力、
超現実的な力。
私はこのことをあなた
方に伝えられたことに
感謝します。
ありがとう。 それでは
行きますよ。

「氣」

16日目　チャクラ〜エネルギーの基幹〜の巻

今から氣の授業が始まりますねぇ。
キミは氣についてどのくらい知っていますか？
あっ、師匠が来ました！
何だか急にカラダが熱くなってきましたねぇ。

チャクラとは、古代インド語であるサンスクリット語で、輪や回転を意味する言葉と言われています。

このチャクラと呼ばれる渦巻きが、私たちの人体にはいくつも存在していて、私たちは無意識のうちに、必要なエナジーをこのチャクラから取り入れて、また排出も行っています。

そして、チャクラのことを歴史上、人類の中で知る者が現れたのは、なんと紀元前のことであるとも言われています。

ですから私たちは、大昔より知らず知らずのうちに、チャクラを通して目に見えない力に生かされているといっても過言ではなく、大きな視点では宇宙空間の中で銀河すら回転し、太陽系もその周りを回る地球も回転して運行している訳ですから、不思議なことのようで実は当たり前のことなのかもしれません。

そして反対に小さな視点の世界では、私たちの細胞を構成していると言われている原子も回転をしていて（＋の原子核の周りを－の電子が飛び回る）似たような構造になっていると言われています。

ということは、私たちの存在は、回転するエネルギーの寄せ集めで維持されているということです。

（私自身は、地球を含めたいくつもの天体が、太陽という＋の核を取り巻いて回る電子のようなものであり、太陽はまた、銀河系の中では、反対の－《マイナス》の役割に入れ替わるのではないかと感じています。）

そのように回転している小さな原子の寄せ集めである私たちの身体には、**大昔にチャクラと呼ばれた、通常は目に見えないエネルギーの大きな渦が、生命エネルギーのセンターとしていくつも存在しているということなのです。**

チャクラによるエナジーの色は、虹の7色（光のプリズム）と同じという説が有力ですが、私はチャクラをエナジーの強弱で感じることは出来るのですが、直接色で見るということは出来ないので、実際に写ったチャクラの写真（水色）と（グリーン）のもの（冒頭のカラーページで紹介）を参考にして、やはりチャクラの色の説は本当なのかなと感じています。

宇宙も原子も通常目で見ることは出来ませんが、確かに存在しているということが解ってきているように、本当に大切なものは、たとえ知られていなくても、最初からそこに存在していて、いつしか知られる日を待っているのかもしれません。

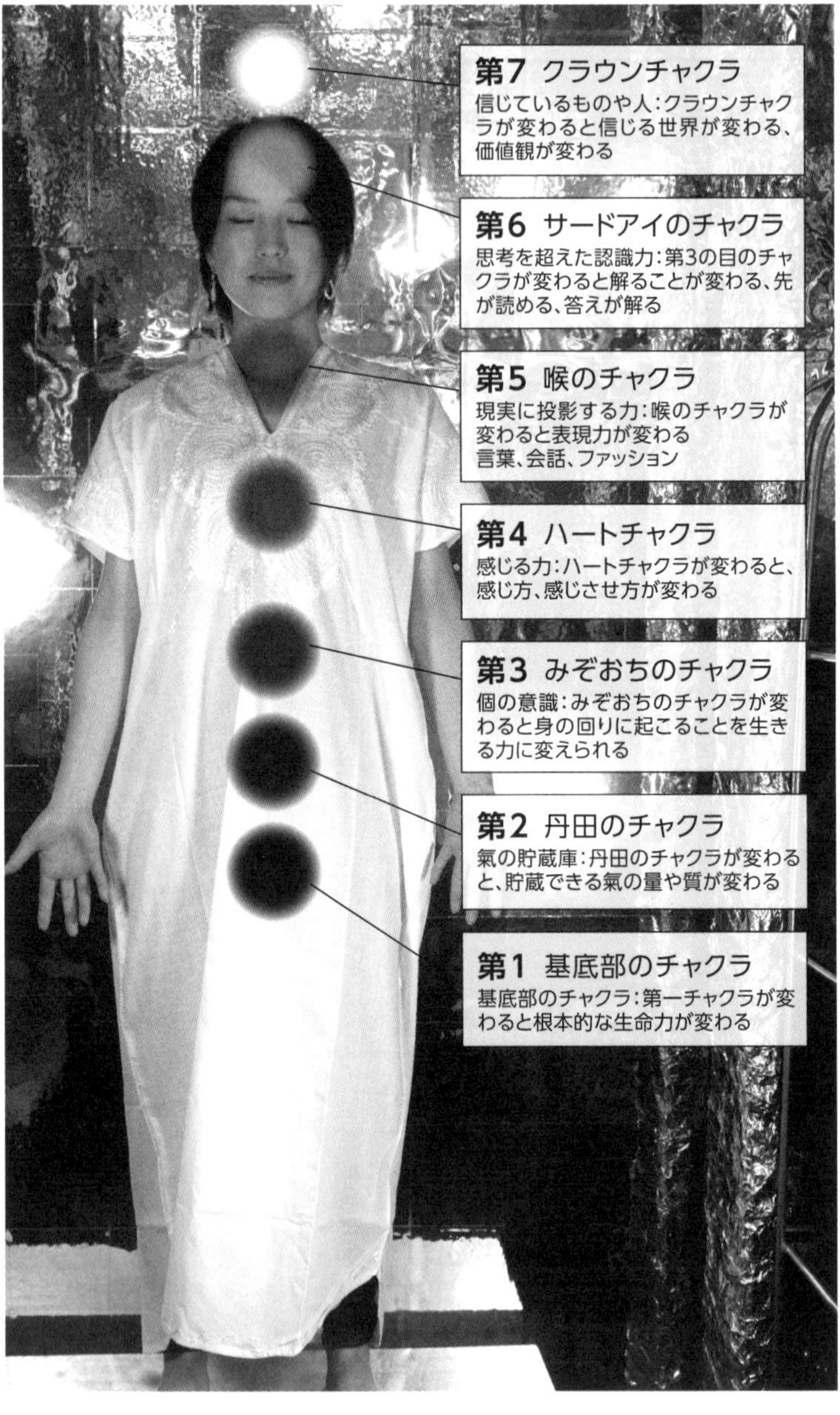
第7 クラウンチャクラ
信じているものや人:クラウンチャクラが変わると信じる世界が変わる、価値観が変わる
第6 サードアイのチャクラ
思考を超えた認識力:第3の目のチャクラが変わると解ることが変わる、先が読める、答えが解る
第5 喉のチャクラ
現実に投影する力:喉のチャクラが変わると表現力が変わる
言葉、会話、ファッション
第4 ハートチャクラ
感じる力:ハートチャクラが変わると、感じ方、感じさせ方が変わる
第3 みぞおちのチャクラ
個の意識:みぞおちのチャクラが変わると身の回りに起こることを生きる力に変えられる
第2 丹田のチャクラ
氣の貯蔵庫:丹田のチャクラが変わると、貯蔵できる氣の量や質が変わる
第1 基底部のチャクラ
基底部のチャクラ:第一チャクラが変わると根本的な生命力が変わる

修行 その16

チャクラについて調べて、ここには書いていない情報を自己探究して発見する

例・ハートに意識を集中しながら人と話してみたら、いつもは氣がつかないことに氣がついた

光（オーブ）の氣づき

星も太陽もチャクラもオーブも、全ては同じ大いなる原理に基づいて、丸形もしくは円形をしているのだろう。

「基」

17日目　①生命力のチャクラの巻

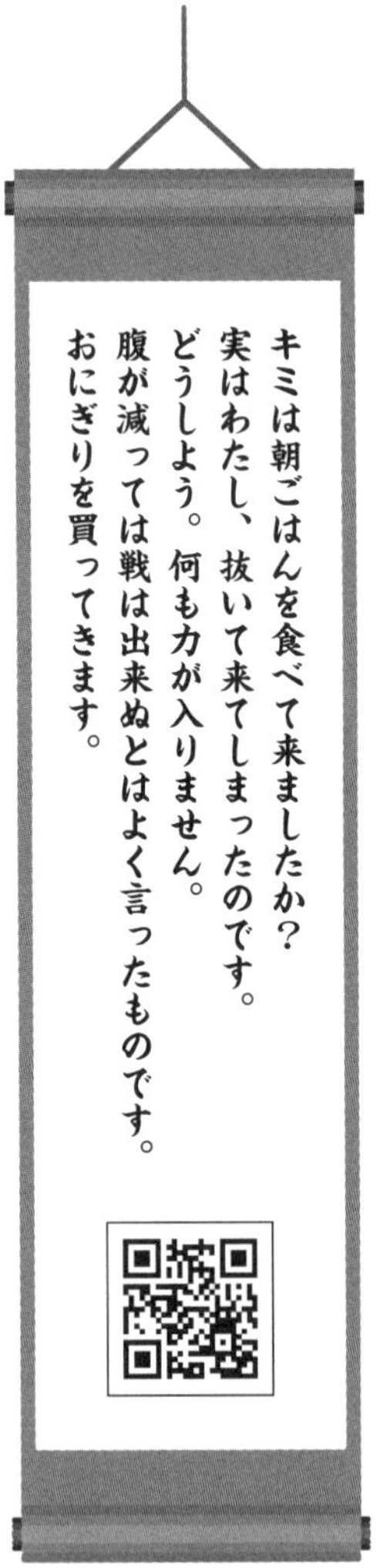
キミは朝ごはんを食べて来ましたか？
実はわたし、抜いて来てしまったのです。
どうしよう。何も力が入りません。
腹が減っては戦は出来ぬとはよく言ったものです。
おにぎりを買ってきます。

基底部のチャクラは、身体でいうと尾てい骨（尾骨）～仙骨のエリアにあります。

こちらは生命力のエナジーを司るチャクラと言われていて、専門用語では、下から数えて一番目なので、第1チャクラという呼び方をします。

太陽からの光のプリズム（拡散）で説明した場合には、虹色の7色の中の赤（一番波長の長いもの・赤外線）との関連性が高いエネルギーセンターだと思われます。

一番波長が長いということは、エナジーの振動速度がゆっくりしているということで、物質的なレベル・肉体レベルに対しての非物質エナジーの出し入れ（つまり生命力）に関係しているるのでしょう。

ヒーリングのエナジーは、振動速度が速くなる程細かくなり、非物質的に、振動速度がゆっくりになる程重くなり、物質的エナジーへと変換されていくという性質があります。

例　第1チャクラが活発に働いていると、

・生きているということそのものの幸福感やエナジーが高くなる

・病気になりにくい、自然治癒力が高い状態なので、身体を治す力が全体的に強くなる

・血流・代謝が良くなるので、冷え性や生理不順・生殖不順になりにくい

・やる氣・生命力が高くなる

ということが起こります。

ちなみに肉体を持たずに霊体だけを持つ存在たちは、第1チャクラのエナジーが必要ではありません。このエナジーは、生命として生きる為に必要なエナジーなので、霊体で生きる為には必要がない、もしくは生きている人間が探知出来ないくらい微弱な第1チャクラのエナジー

で事足りるのでしょう。

それ故に、霊的存在がこの物質社会に現れて、強く影響力を発現するチャネリングやスピリチュアルヒーリング時には、その分大量に霊媒自身の第1チャクラのエナジーを消費することが多いので、自分の許容範囲を超えてまで、このエナジーを消費してしまうことは、ご注意ください（休息の重要性）。

このチャクラは特に、肉体レベルに縁の深いチャクラですので、物理的に運動をしたり、食事や休息をしっかり取ることで回復していきます。

人間は、若い時ほど第1チャクラのエナジーが強く、年齢と共に弱くなり、いずれ第1チャクラが停止した時点で死を迎えるように出来ています。

若い時ほど第1チャクラのエナジーは強いと前述しましたが、例外としては、赤ちゃんは第1チャクラの力があまりないので、お母さんやお父さんの第1チャクラのエナジーを多く吸収して成長します。その際に親や先祖の特性も、エナジーを媒介にチャクラから肉体を構成する細胞へと、遺伝という形で伝えられていくのです。

《注意点》

クンダリーニエネルギーという基底部のチャクラのエネルギーの解放は、早ければ良いという訳ではなく、危険もありますので、信頼の出来る経験豊富な方に見てもらいながら進めた方が無難です。

※シリウスヒーリングの場合は、ヒーリングする霊的存在たちに任せています。

光（オーブ）の氣づき

ヒーリング時に映り込む光（オーブ）の色が、赤やピンク色の時のセッションは、第1チャクラのヒーリングが強く起きています。

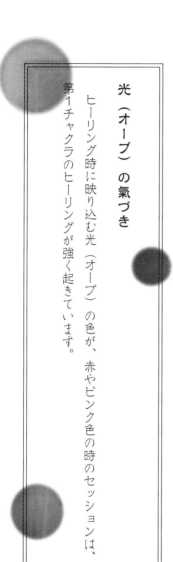

第1チャクラを活性化する。（実行したことを書く）

①運動して身体を動かす。

②生きることが楽しくなることをする。

③心と身体を休める為のことを意識的にする。

「腹」

18日目　②丹田のチャクラの巻

一緒に丹田を探してみませんか？
ではまず落ち着いて、全身の氣を感じてみましょう。
そこから更に集中して氣を集めてみましょう。
氣が集まってくると感じるその場所、そうそう、
おへその下のその辺りがあなたの丹田ですよ。

丹田のチャクラは、おへその下約5センチ程に位置するエネルギーセンターです。※距離感は身体の大小により若干変化します。

丹田のチャクラは、下から二番目のチャクラなので第2チャクラともよび、中国の氣功の訓練（練功）ではとても重要視される、人体の生命エネルギーを貯蔵することの出来るチャクラです。

肉体的には腸に深く関係していて、氣を貯蔵するという性質が、ネガティブな氣（記憶）を貯蔵することに繋がってしまいますと、後に腸の病気を引き起こします。

又ポジティブな氣を貯めることが出来ると、氣を発するヒーリング時には、非常にダイナミックな治療力を発揮することが出来ます。

第2チャクラは、エネルギーの貯蔵庫なのです。

この丹田のチャクラを媒介として腸に蓄積していくエナジーは、非常に長い間習慣化された思いや感情が含まれるでしょう。

そして、丹田のチャクラはスピリチュアル的に、仲間との関係性なども表していると言われていますので、夫婦関係や友人関係・仕事関係など、関係性（パートナーシップ）の在り方とも関係します。

例えば、氣の合わない同僚や家族間で長い間ストレスを我慢して仕事を続けると、そのストレスは氣となって日々腸の部分に蓄積して、第2チャクラの高いエナジーを奪っていきます。

反対に、自分に合った氣の合う仲間や家族というような関係性が継続された場合には、良い氣が腸の部分に蓄えられていきますので、腸内の微生物も善玉菌が増えていき免疫力の向上や幸福感を生み出します。

食べものも腸に良くない添加物や酸化しやすいものを食べ過ぎると、腸で生まれた不調和が怒りの感情へと転嫁されたり、怒りなどの感情が上手に外に出ない場合には、不調和のエナジーが、やがて第1チャクラに下降して、生殖器系の病気として表れてくることもあるでしょう。

日々の生活で氣力が減退している場合には、往々にして丹田のチャクラに氣が入らない状態になっているので、その原因になっている低い波動の氣の溜まりを、感情を出すなどして発散しましょう。そうすることで、また新しい新鮮な氣が入ってきやすくなります。

ヒーリングでは、このチャクラの氣を調和（エネルギーの軌道が綺麗な円を描くこと）の状態に近づけることにより、感情の発散や幸福度の回復が自然に起こり始め、後に肉体の治癒力も活性化します。

第2チャクラにまつわるエピソード

ある日、複数名の赤ちゃんが集っている場所に行った時のことです。

私は事前にどの赤ちゃんがどの母親の子どもなのかを知りませんでした。

しかし、各々の赤ちゃんの第2チャクラから出ているエネルギーの流れを手で辿っていくと、その先には必ずその子のお母さんの第2チャクラと繋がっているということを発見して、親子の絆に感動したのでした。


このエピソードは、物理的なへその緒を切った後も、目には見えない世界において、伸縮自在のへその緒が母子の間に存在しているということを表しています。

それは、母親の氣持ちや健康状態が、エネルギーの流れとして子どもに影響を与えているということですから、母親が自分を幸せに感じていると、それを感じて子どもは幸せを感じることのできる人になっていくということを表しているのです。

第２チャクラを活性化する

（実行したこと・感想を書く）

①一定時間、腹式呼吸を続ける

②一定期間、腸内微生物に良いものを食べ続ける

③丹田（第２チャクラ）に氣を集める練習を繰り返す
（「修行７（43ページ）」の実演参照　丹田に氣を長時間とどめる）

「胃」

19日目　③みぞおちのチャクラの巻

師匠～！
実際に自分が思った通りに出来るか否かは
このチャクラの消化力にかかっているのでしょうか？
だとすれば、現実的になりたい自分になる為の
鍵を握っている部分と言っても過言ではありませんね。

みぞおちのチャクラは、第3チャクラとよびます。

このチャクラは、胃や第2のチャクラと共に、人間の健康に深く関わりを持つ、伝統中国医学において言い表されている五臓（肝臓・心臓・脾《ひ》臓・肺・腎臓）六腑（大腸・小腸・胆《きも》・胃・三焦《さんしょう》・膀胱）に対応するチャクラです。

例えば、肉体の胃が食べものを消化する器官であることと同様に、様々な非物質の情報やエナジーを腑に落とす前段階に、この第3チャクラで消化することによって、物質エネルギーへと変換されていきます。

もしこの第3チャクラの力が活発であれば、外側からのプレッシャーや偏見などがあったとしても、上手に消化吸収することが出来るので、その下の第2チャクラへの負担がかからず、むしろ自分らしさやオリジナリティーのエナジーとして栄養にすることが出来ます（その結果が現実の人生へと表現される）。

スピリチュアル的には、このチャクラのエナジーは、個々の魅力や個性の力というセンターなので、このチャクラのエナジーが活発になれば、集団の中でも個性を発揮出来るようになります。

反対に、このみぞおちのチャクラが弱くなると、周りの物事に流されやすく、自分の存在感の認識が薄く、意志も弱くなります。

ここまでにご説明しました第1～第3チャクラのエナジーは、長い波長の光と似たような性質を持っていて、物質界において必要になる密度の濃い暖色系のエナジーです（赤色・橙色《だいだい》・

黄色)。

これらのエナジーが、ヒーリングやその他のきっかけにより高まった場合には、生命力が活性化するので、身体が熱くなったり、スッキリと視界が明るくなったりすることでしょう。

そのエナジーの流れは、自身の年齢が若かった時の心や身体感覚を思い出させてくれます。

光(オーブ)の氣づき

ヒーリング時に現れている無数の光(オーブ)は、私たちの体内から不要になっている波動を吸着して外に出し、また新しく必要な高い波動を伝える為に戻ってきます。

第3チャクラを活性化する（実行したことを書く）

①腹を割って話す

②個性を認める

③身の回りに起こる出来事を時間をかけて咀嚼する

④胃を休める

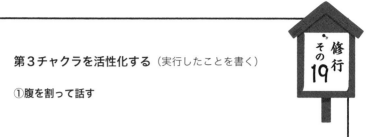

「心」

20日目　ハートのチャクラの巻

やりたいことは出来ておるか？ 心のままに生きておるか？ この人生は一度きりじゃ。

師匠がそう言ってくれるたびに、もっと自由に生きようと心が改まります。

自分のやりたいことが出来た時や思いが叶った時には、ここの部分がぽかぽかしますよね。

ハートのチャクラは、7つのチャクラを上下に分けた時に、丁度真ん中（3対1対3にあたるバランス）に位置していて、第4チャクラともよばれるエネルギーのセンターです。

下のチャクラ（第1、2、3）を物質世界のエナジー・地上界のエナジーとすると、上のチャクラ（第5、6、7）は非物質世界のエナジーにあたります。

そして、この4番目のハートチャクラは、丁度中間でバランスを取っているチャクラなので、それが調和や愛のエナジーのセンターであると言われる所以《ゆえん》なのでしょう。

肉体レベルにおいては、特に心臓や肺（乳腺や胸のリンパ節も）を管轄していて、スピリチュアルレベルにおいては、心や感情（アストラル界）のエネルギーを管轄していると考えることが出来ます。

そして、私たちの感情は、思考を物理的な行動レベルへとダイナミックに移行させる力を持っていて、とてもパワフルなエネルギーです。

人は他の動植物よりも更に、この感情の感受性に優れているので、感情なしには幸福に生きていくことが出来ません。

例えば、ハートチャクラは私たちの身に人生でとてもショックなことがあると、また次に同じような心身のダメージを受けない為にその渦は自ら閉じてしまい、エネルギーの流れを小さくすることで自分の身を守ろうとすることでしょう。

もし反対に人生で嬉しいことが起これば、このハートチャクラの渦は開いて、更なる経験や感動を味わっていこうと、大きな円を描いて外の世界へとそのエネルギーを放出してアピールをします。

このように、感情や心のエナジーを司るハートチャクラのエナジーは、自分自身や人の心を動かすことで活性化していくことでしょう。

何らかの肉体の症状が出ている方をヒーリングすると、溜まっていた感情をクリアにする為に、後になってから沢山の感情が出てくることがありますが、その為なのです。

見える世界と目に見えない世界は表裏一体なので、心の世界で解決することの出来なかったエネルギーは、肉体のレベルで病として現れます。

反対に、一度肉体のレベルで病として現れたものも、心の世界の活動の変化によっては、本来の状態へと治癒していくということもあるのです。

光（オーブ）の氣づき

私たちの感情はエネルギーとして、人から人へとこのハートのチャクラを通して移動を繰り返しています。

今日、私たちにどのようなハートのエナジーがやってくるか、そして発信するのかは、私たちの心（ハート）の持ちようにかかっています。

修行その20

第４チャクラを活性化する
（具体的にどのような心の活動をしたのか？）

①感情を表に出す

②感動をして、心（感情）を動かす

③他者を思いやった行動をする

「発」

21日目　喉のチャクラの巻

ねぇねぇ、キミさぁ、さっき、朝お母さんとケンカして、
嫌いって言って出て来ちゃったって言ってましたよね。
それ、気をつけたほうがいいよぉ～。
素直じゃないと、喉のチャクラ詰まっちゃうんだから。
人生あっという間なんだからさ、
嘘ついてるヒマなんかないですよ。

喉のチャクラは、下から5番目のチャクラで、自己表現のチャクラとも言われています。
ハートのチャクラに宿している感情を、上に上げて言葉にして自分以外の人たちに伝えたりする為のエナジーと関係しています。

このチャクラのエナジーの調和が取れて綺麗な円になっていくと、心の中にある思いを素直な言葉で言い表して他者へと伝えていくことが出来ます。

反対に、もしこのチャクラのエナジーが歪んだ回転をしているときには、心の想いとは裏腹な言葉を発したり、本来自分が伝えたいこととは違ったことを外の世界に表現してしまうでしょう。

喉とは反対側にある首のチャクラでは、長期にわたる自身の表現活動という意味で、仕事や家事・育児・社会活動とも深く関係をしていると考えられます。

肉体的には、喉や気管、首を通して、肺や心臓へとエナジーを供給しています。

私たちは、言いたいことを言えない、表現したいことが上手に表現できないような環境が続くことで、このチャクラのエナジーは小さくなり、心に従った形での素直な言葉や表現が許される環境では、大きく力強い円を描き回転します。

ヒーリングの際には、必ずしも相手が最初から本心や本音で物事を伝えてくれるとは限らないので、このチャクラをよく観察することで表面的な言葉に惑わされることがなくなります。

実際に写真に写りこんだ、ヒーリング時の喉のチャクラ
※チャクラには表と裏があり、例えば喉のチャクラの裏は首のチャクラ（どちらも第5チャクラ）、ハートのチャクラの裏は背中のチャクラ（どちらも第4チャクラ）など、表と裏を合わせて12個になります
(第7と第1チャクラは1つずつ、第2～第6チャクラは表と裏で2つずつあるので、計12箇所あることになる)。

修行その21

第５チャクラを活性化する（表現をする）

①自分の思いを言葉にする

②他者に対して、その時ベストであろう言葉をかける

③自分の好きなことを外の世界へと発表する（SNS 等でも可）

「勘」

22日目　額のチャクラ（霊的な瞳）の巻

ねぇねぇ、キミのおでこのところ。
眉間？っていうの？
何か赤くなってるよ！　大丈夫？
何かキミに見られると何もかも
見透かされている気持ちになります。見ないで～！

額のチャクラは、非物質レベルに存在する霊的な瞳という意味で、「第三の目」ともよばれる6番目のチャクラです。

このチャクラは主に視覚、聴覚、嗅覚などの器官から情報を受けとり、脳に司令を送る過程で様々な色付け（認識）をしています。

肉体的には、沢山の視覚的情報を取りすぎることにより脳に負担がかかると、このチャクラは目から入る情報を少なくする為に視力を落としたり、耳からの情報が多すぎれば、耳を聞こえづらくしたりすることで中枢（脳）を守ろうとします。

このチャクラの力は、第六感という形で視覚や聴覚、嗅覚と連動して様々な非物質的な情報も感知をして、チャンスや危険を事前に脳へと知らせたりする直感力のセンターでもあります。

外側の情報を脳が認識する機能と関係性が深いチャクラですので、このチャクラのエナジーが活発に働いている場合には、言葉を聞くよりも遥かに早いスピードで、話の結論を理解することが出来たり、目の前の人物や物事がどのようなものなのかを、瞬時に理解することを助けます。

量子物理の世界で登場する観察問題（認識する人や対象を観察するかしないかによって量子が振る舞いを変えてしまう現象のこと）とも縁の深いサイキック力のチャクラです。

もしこのチャクラに不調和が起きていると、生活する上で現実を認識する際に、ことごとく歪められた形で認識されます。

〈例〉
・チャンスを危険と認識してしまう
・善意で伝えられていることを悪意と捉えてしまう
・恐れる必要のないものを過度に怖がる
・素直に話を聞くことが出来づらくなる
などです。

こちらのチャクラで認識されたものが、喉のチャクラで言葉になったり、ハートのチャクラで深い想いになって、自身の身体へと宿り表現されていきますので、まずは正しく情報認識をすることで、全体のチャクラのバランスを整えることに繋げていきましょう。

〈例〉
・危険を危険として正しく認識する
・チャンスはチャンスとして正しく認識することが出来る
・**認識力が高まることで物事が実際に起きる前に判断をすることが出来る**

ヒーリング時には、このチャクラの能力を通して問題のある箇所やより良い方面へと繋がるヒントを直感することで言葉やエネルギーに変えているのです。

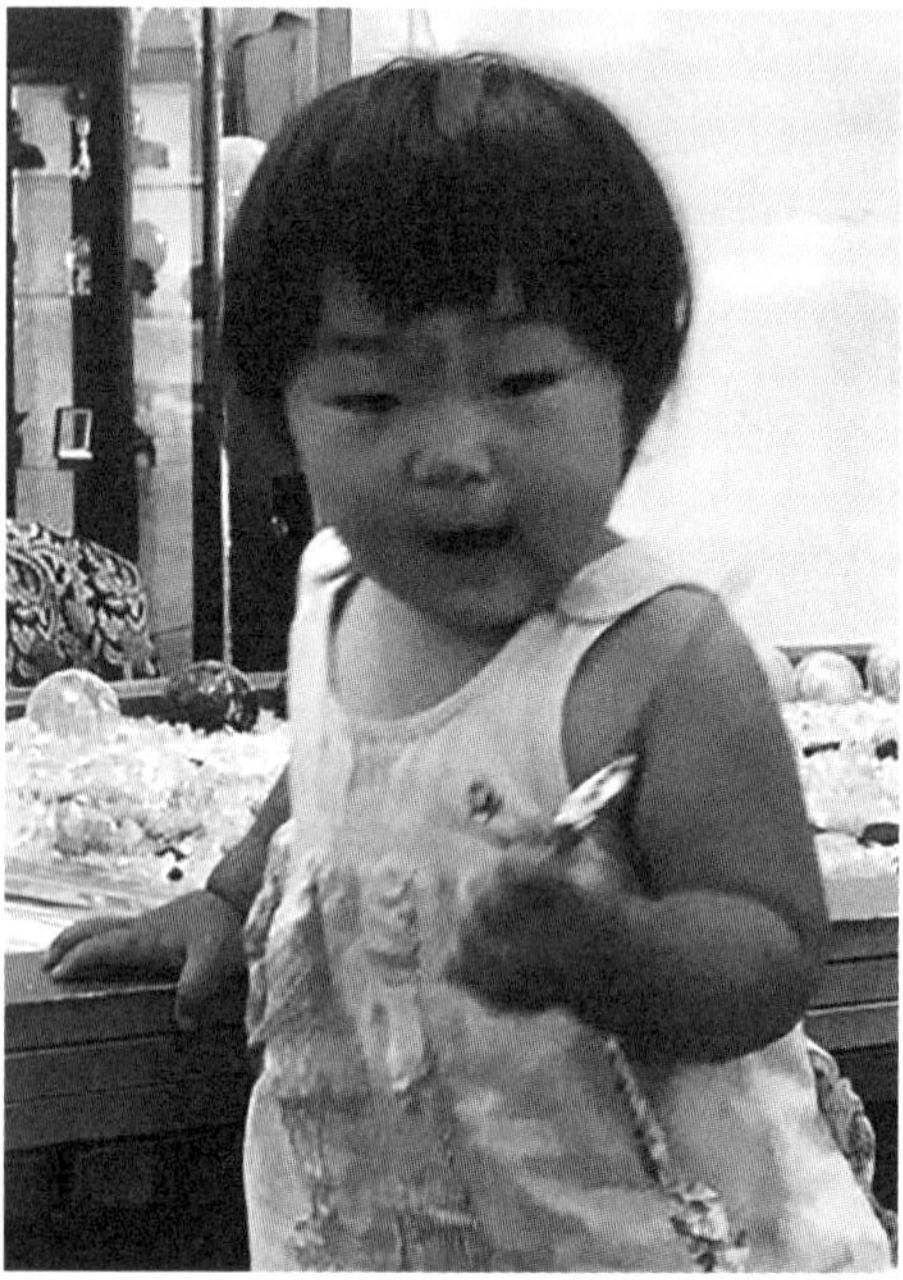

湘南にあるヒーリングサロン・シリウスの中で撮影をしたシリウス慶氣の長女の額には、くっきりと第三の目が写りこんでいた。

第６チャクラを活性化する

・**通常より意識的に深く観察をする**

そのことにより何に気がついたのか？

・**直感で動く**

どんな行動をしたのか？

・**直感で見極める　何かを予想してその通りになるのかをやってみる**

何を予想したのか？

その結果はどうだった？

「扉」23日目　頭頂のチャクラの巻

なんかこの授業が始まってから頭がクラクラしませんか？何かがドバドバ頭のてっぺんから注がれているような……。
あれ？うんうん、おばあちゃん？そっちで元気にやってるの。良かったねぇ。あれ？去年天国に行ったおばあちゃんの声が聞こえます。

頭頂のチャクラは、クラウン（王冠）チャクラとも呼ばれる7番めのチャクラです。一番目の基底部のチャクラと対極のチャクラにあたり、第1チャクラは、地面に向かってエナジーをアース（放電）したり、自身の身体へと取り込んだりしているのに対して、頭頂にある第7チャクラは、天（頭の上）へと自身の存在の情報を送っていると同時に、天からの情報やエナジーを受けとる霊的アンテナの役割を果たしています。

このチャクラは、一人一人の世界観や価値観と深く繋がっている為に、信仰のチャクラや高次のチャクラともよばれます。
もしこのチャクラから天に伸びているエナジーが歪んでいると、性格が偏屈になったり、とても疑い深い性格になります。

反対に、このチャクラから真っ直ぐエナジーが天に向かって伸びている人は、素直に自身の思念がスッと天に通じて形になったり、様々な状況でベストな形で対応することの出来るようなインスピレーションが降りてくるといったような現象が起こりやすくなります。

ヒーリングにやってくる方たちの多くは、自分の意志だと本人は思っていても、このチャクラから降りてくる、その方たちの先祖や護っている存在のすすめでヒーリングにやってきていることも多いのです。

頭頂のチャクラとそのチャクラの背後に、霊的世界の住人であるガイドスピリットのエネルギーが具現化している写真。
※ガイドスピリット＝私たちを導いている霊的な先輩のような存在。私たちの才能や技能にも関係している。

修行 その23

第7チャクラを活性化する

・自分の信じているもの（世界観）を書き出してみる

・今まで自分の信じた通りになったことを書き出す

・テーマを決めてそれに対するインスピレーションを得る

何に対して

どんな答えを得たか

「地」

24日目　足より下のチャクラの巻

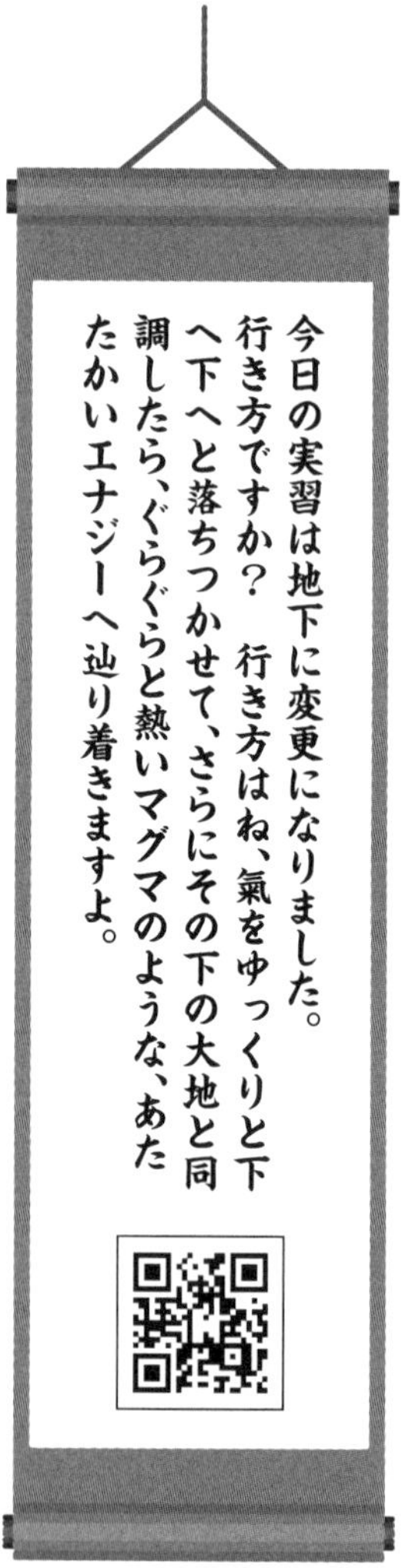
今日の実習は地下に変更になりました。
行き方ですか？　行き方はね、氣をゆっくりと下へ下へと落ちつかせて、さらにその下の大地と同調したら、ぐらぐらと熱いマグマのような、あたたかいエナジーへ辿り着きますよ。

第1チャクラが下半身を統《す》べるエネルギーセンターだとすると、その更に下のチャクラは、第1チャクラへと地上のエナジーを変換して運んでくるという地下のチャクラです。

このチャクラは人体の外にあるエネルギーの渦巻きです。

こちらのチャクラはまだまだ謎が多いチャクラですが、どうやら土地の磁場や、私たちがどのくらい地下のエナジーと共鳴をしているかということを表しているようです。

例えば、石油や鉱物資源の多くが、地下から掘り出されこの地上で活用されているように、人体の生命エネルギーも、地下から様々なエネルギーを地上にある身体へと引き上げて、人体のチャクラへと変換させることで、私たちは今もこうして生きていることが出来るのでしょう。

そして、私たち自身も、私たちの生活から出る廃棄物なども、様々な形で土に還すことを必要としますが、それと同様に、人体が取り込んだ後に不要になったエネルギーの一部は、地中へと流れていくようになっているのです。

ヒーリングにおいては、グラウンディングとよばれる自身の肉体と霊性がどの程度大地と結びついているかの強弱と関係しています。

グラウンディング力が強い人は、同じことに長い年月取り組んで大きな結果を出すことが出来たり、一つの場所（土地）に長く生活することで、その場所の持つ力と深く結びつくことが出来ます。

反対に、グラウンディングの力が弱いと、肉体から霊体が離れている状態になりやすいので、霊的な感覚は高くなる分、肉体へのエネルギー供給が少なくなり健康面が脆弱《ぜいじゃく》になります。

光（オーブ）の氣づき

ヒーリング時の光（オーブ）の移動する方向に注目をしてみましょう。

下から上へとまっすぐ上昇していく光の流れは、大地からの沢山のエナジーが、下から上へと流れてきているという現れです。

修行その24

足より下のチャクラを活性化する

・身の回りにある、地球が生み出したものを愛でる
（石や土や水など）
何をして、どのように感じたのか

・自分のいる場所の良いところを書く（3つ）

・この世界（地上）の自然法則を深く知ろうとする（3つ以上書く）

「天」

25日目　クラウンチャクラより上のチャクラの巻

昨日の実習とは打って変わって、何だか今日は部屋が涼しくありませんか？スースースースーするような。あれ？何だか遠くから不思議な音が聞こえてきませんか？

人体よりずっと下にいくと、人体の外側のチャクラと繋がっていたように、頭頂のチャクラ（クラウンチャクラ）から更に上にいくと、別次元へと繋がるチャクラ（出入り口）が存在しています。

こちらは個人差はありますが、一つ目は頭上1メートルくらいに存在していて、地下のチャクラと同じく2つ目、3つ目というように、上へ上へと伸びていてどこまでも自分から離れていきます。このチャクラから第7チャクラへと、天命や別次元の存在からのインフォメーションが出たり入ったりしています。

超常現象やUFOなども、個人レベルもしくはグループレベルで、このチャクラから別次元へと繋がって体験しています。

現代人の多くは、この高次チャクラへの目には見えない通り道がブロックされていることが多く、それはつまり、物質世界のみに意識が限定されていることを表しています。古代人や力のある様々な宗教の祭司や、素晴らしい作品を残す芸術家などは、高く大きくその道が開いています。

ヒーリングにおいては、努力や細かなテクニックというよりは、その方のおおまかな霊的な性格を表しているチャクラでもあります。

ボストン・レッドソックスの野球場を上から見降ろしているアメリカ先住民たちの魂の集合体（サンダーバード）が映っている。
2019年　著者撮影

光（オーブ）の氣づき

個人の高次チャクラは更に上空で集まり、大きな集合意識のチャクラを形成している。（地上から10メートル～50メートル上空）

クラウンチャクラより上のチャクラを活性化する

(何をしたか？)

・長い歴史の中での、先祖を意識して感謝をする
（例：発明家や神様）
何をどのように感じたのか？

・宇宙を感じる、空を見る
どのような方法で宇宙や空を感じたのか？

・自分の使命、天命について思いを馳せる
内なる解答はどのようなものだったのか？

「金」26日目　人体は一つの大きなチャクラの巻

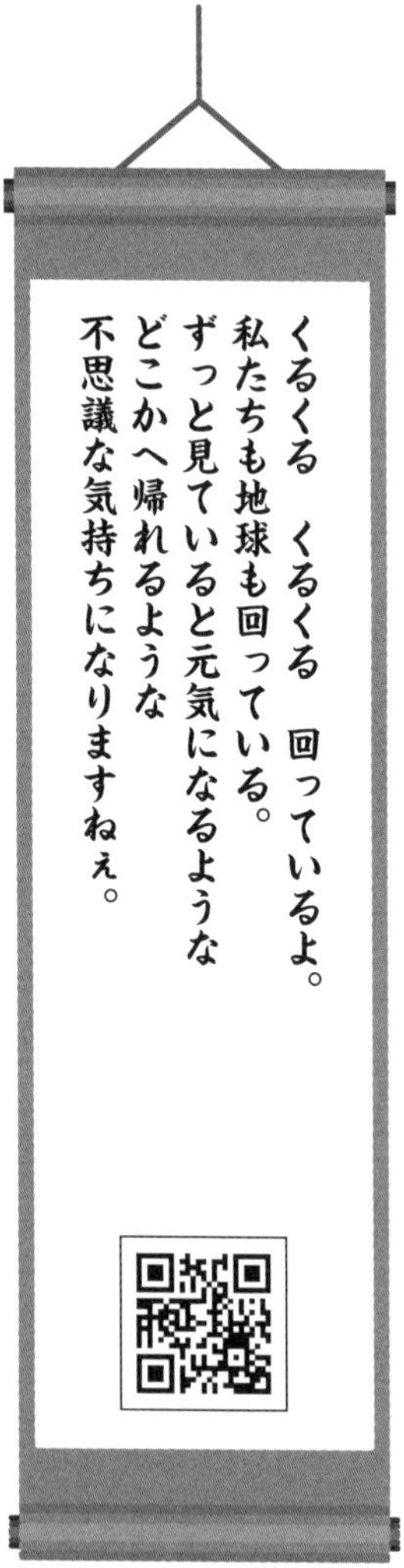
くるくる　くるくる　回っているよ。
私たちも地球も回っている。
ずっと見ていると元気になるような
どこかへ帰れるような
不思議な気持ちになりますねぇ。

人体というものは、部位（パーツ）が多くなればなる程、様々なことが出来るようになる分、同時に様々な問題も発生しやすくなるものです。

物質的な人体の部位は、何十、何百とあるのに対して、エネルギー体（オーラ）の数は、主要チャクラで7種類だけです。

その7つも元は一つの無色透明のエネルギー（光）で、とてもシンプルな構造をしています。

この大きなチャクラは川の流れにたとえれば、7つのチャクラのエネルギーを経由して、多岐にわたる物質的器官を構成している細胞へと力を提供している源流に当たるのです。

やがて物質的な器官に行き着いた源流からのエネルギーの流れは、反対に、肉体→細胞→その支流である7つのチャクラ→それをまとめている一つの大きなチャクラ（トーラス）となり、全ての氣の出処へと還って行きます。

ですから、この大きな一つのチャクラをヒーリング出来ると、もっとも効率的かつパワフルな変容を引き起こすことに繋がります。

光（オーブ）の氣づき

個の肉体だけにとらわれることなく、肉体を包み込んでいる空間全体にエネルギーが満ちることで、絶大な効果を生むヒーリングが可能になる。

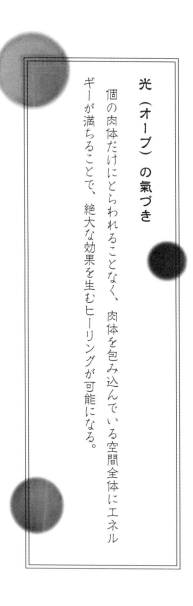

7 つのエネルギーの要素を 1 つのエネルギーにまとめる

・全てのチャクラに共通することを考える

・全ての人体に共通することを考える

・全ての生命に共通することを感じる

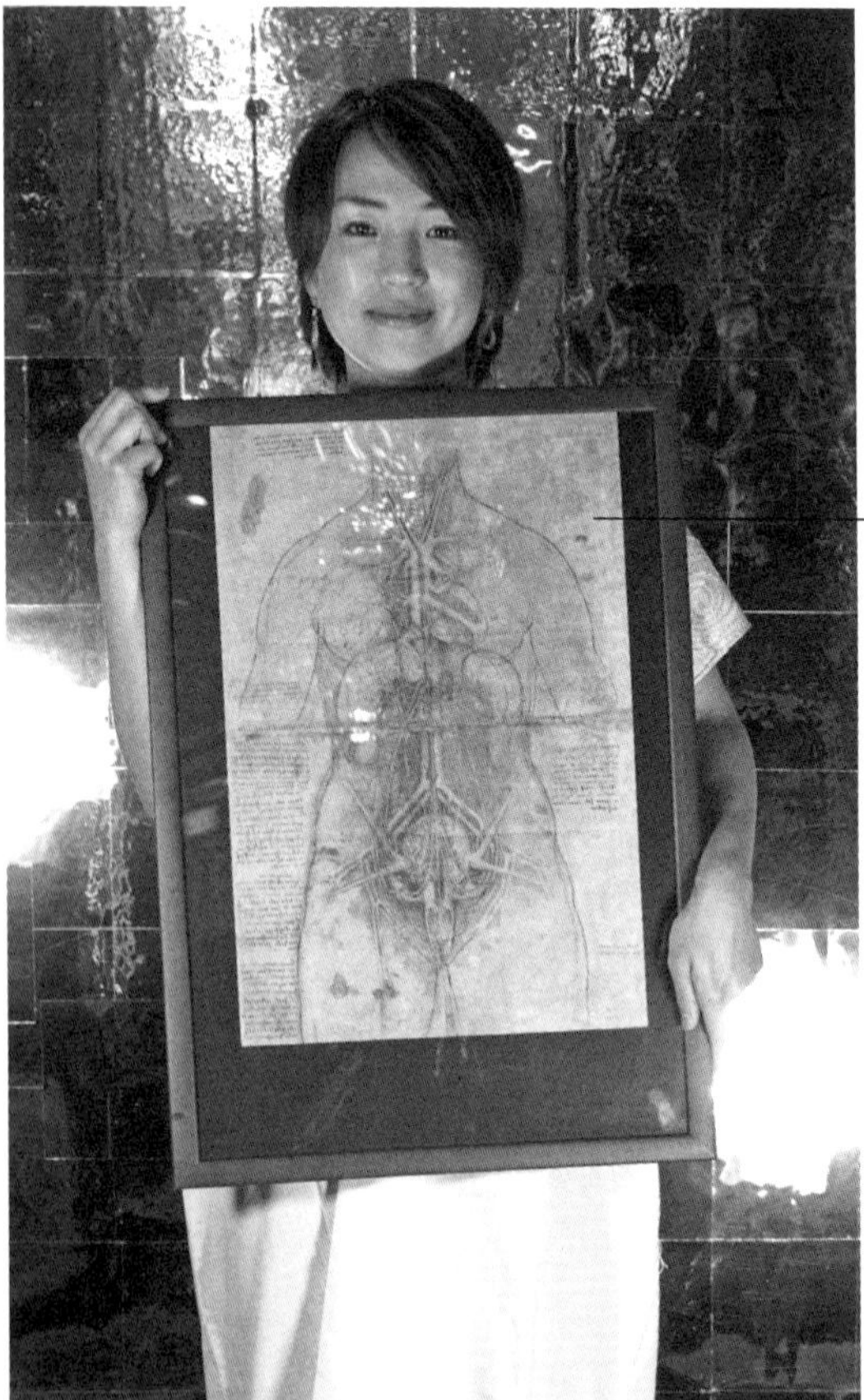

エネルギー体という一つの絵の中に描かれる、
人体の多岐にわたる部位。
これら別々の領域は、同時に矛盾なく存在して
私たちを支えている。

「止」

27日目　氣のONとOFFを練習するの巻

まずは氣を集めたり、それをなくしたりする練習やで。手と手の間に氣を集めんねん。なんか圧力を感じるでしょ？ そしたらそれをおへその下あたりから体に入れてしまうねん。
そう。そしたら、手と手の間にあった圧力、消えてない？ それを繰り返してみて。

修行5日目から7日目の実技によって、自身のエネルギー活動を活発化させることを根気よく続けたら、ここでもう一つ、必要な技術を身につけましょう。

その技術とは、自身の氣（エネルギー）のスイッチのオンとオフを切り替えることの練習です。

最初は5日目と同じく、左右の手のひらの間隔をあけて中心にエネルギーの圧を感じます。

そのあとに今度は、**手と手の間に一度集めたエネルギーの圧を、再び体内へと戻して、手と手の間の圧をなくしてしまうという練習です。**

手と手の間から体内に戻したエネルギーは、一度丹田（第2チャクラ）に集めて、チャクラから自身の肉体の中（全体）へとしまいます。それが出来たら、また改めて手と手の間にエネルギーを引き出してきて集め、圧を感じるということを繰り返してみましょう。

この練習を繰り返すことで、氣をＯＮにする時（エネルギーを出したい時）と、氣をＯＦＦにする時（エネルギーを出したくない時）の切り替えが、徐々に自分の意思で出来るようになっていきます。

これは、必要のない時には氣（エネルギー）を多く放出することなくしまっておくようにすることと、必要な時には氣（エネルギー）を出して有効に使えるようになる為の練習なのです。

自分の意思で氣のON/OFFが
出来るようになっていきます

ヒーリングワーク
動画 4

氣の ON と OFF の練習動画

光（オーブ）の氣づき

光の玉（オーブ）は、撮影者が光を撮ろうと思うこと（もしくは撮影できることを知ること）で撮影出来るオーブの動きが変化する傾向がある（これらの現象は、意識の ON と OFF の重要性を教えてくれている）。

氣の ON と OFF の修練表

～継続は力なり～

年月日	氣付いたこと
年 月　日	
年 月　日	
年 月　日	
年 月　日	
年 月　日	
年 月　日	
年 月　日	
年 月　日	
年 月　日	
年 月　日	

氣の切り替えが出来るようになる

・短時間での切り替え（１秒〜２秒）でスイッチ

・長い時間での切り替え（約１０分）

・日常の中の人間関係や、自身の行動の中での切り替えを
意識してみる（言葉や行動）

・ON の時（集中）活性

・OFF の時（リラックス）脱力

「選」

28日目　氣のＯＮとＯＦＦの応用の巻

氣が集められるようになったら、次はいろんな場面で練習するねんで。まず居心地がよかったり、楽しい所で氣を集めんねん。自分の個性を発揮するんや。

そしたら次はちょっと苦手な人としゃべるとか、得意じゃない場面でも、自分の氣を集める練習をしてみて。

だんだん力がついてくるで。


自身の氣のＯＮとＯＦＦをある程度コントロールすることが出来るようになったら、次は日常の中でも使えるようになる為の応用編です。

私たちの日常の中の様々なシチュエーションにおいて、自分の個性を発揮できる場所では意識をして発揮する（ＯＮ）、発揮しない方が良さそうな場所では自分の個性を抑える（ＯＦＦ）、ということを日々の生活の中で実践してみましょう。

そしてそのことが出来るようになったら、次は、あえて個性を発揮しづらい状況においてONにしたり、反対にどうしてもONになりやすい状況でOFFにしてみたりして、少しずつ切り替えのレベルを上げてみましょう。

日本人は、学校教育などから始まり、社会の中でも抑えることばかりに特化する傾向があるので、実際には、これを読んでいる方々が最初のうち必要になる練習は、発揮する（ONになる）方の練習でしょう（減点法に慣れている為）。

なんでも平均化されている社会環境の中で、日々自身の氣を発揮していくことを意識して続けていくと、いずれ必ず何かに対して特化していきます。

日々の生活の中で、あえて得意なことと不得意なことを平均化せずに、大きな氣のリズムを作り出していきましょう。

このことの積み重ねが、個々のオリジナリティーが多種多様に進化・成長することに繋がっていきます。

修行その28

人生の中で、やらない物事と、あえてやる物事の差をつける

・力（氣）を沢山使って育てたいことは何か

・力（氣）は極力使わずに、あえて成長させなくても良いであろうことは何か

「観」

29日目　ペンデュラムでチャクラの回転を見るの巻

人の身体にも氣が集まる場所があってな、チャクラって言うねん。その上に振り子を垂らしてみたらわかるわ。回転してるねん。

楽な氣持ちで力を抜いてそっと振り子を垂らしてみるんやで。初めは難しいかもしれへんけど、師匠から教えてもらって理解の氣を分けてもらったらいいわ。


通常目では見えないチャクラの回転を視覚的に見るには、ペンデュラム（振り子）の使用が有効です。

元来人体に備わっているチャクラの回転を、ペンデュラムを通して視覚化することで、どの部分のエネルギーが強いか弱いか、調和が取れているか乱れているかなどが解ります。

先ずは身体の緊張感を抜いて、モデルになる方やエネルギーを調べたいものの上に、ペンデュラムを垂らしてみましょう（人の場合は、最初はチャクラの上で調べる）。

慣れていないうちは、ペンデュラムが震えるだけだったり、一生懸命に動いてもらおうと緊張して上手くいかないこともありますが、慣れてくると、筋反射（キネシオロジー）という無意識レベルでの反応が、ペンデュラムを垂らした場所に流れている氣の流れと相まって動き出します。

そして上達の為の一番の近道は、既に出来る人から教えてもらい、エネルギーを共有することです。

チャクラの回転軌道の基本は、右回りの真円です。

それが様々な要因で、楕円になって回転したり、ジグザグに線を描くように回転しなくなっていたりします。

もし、対象の人体に動かす力がない場合には、ジグザグにもなれずに停止して、ペンデュラムは全く動かないというパターンもあります（その場合にはヒーリングをして氣を入れる）。

基本は右回りの真円と前述しましたが、右回りの真円が、地球の生命が自然と調和していることを表す回転だからです（地球の自転に対して、地軸の北方向を正とした場合が右回りになる）。

もし反対に左回りになっている時は、宇宙の力が働いて、何か狂ってしまったリズムを元に戻そうという力が働いている最中ということを表しています。

この回転は、この世界の神秘的な暗号なのです。

ちなみに、宇宙レベルで、太陽が地球に対して引力で引っぱっているので下というように考えた場合には、地球は縦回転していることになります。

※地球の重力と太陽の重力の違いがあるので、あくまで地球の自転に合わせるようにします。

このペンデュラム（振り子）の回転や揺れを見てチャクラの運行を調べる

ヒーリングワーク
動画５

ペンデュラム
（振り子）

誰かの身体をペンジュラムを使って計測してみる

・どのように動いているか？（右、左、ジグザグ、止など）

①
（部位を記入）

ペンデュラムの軌道を図で記入

②

③

「慣」30日目　チャクラの回転を手で感じるの巻

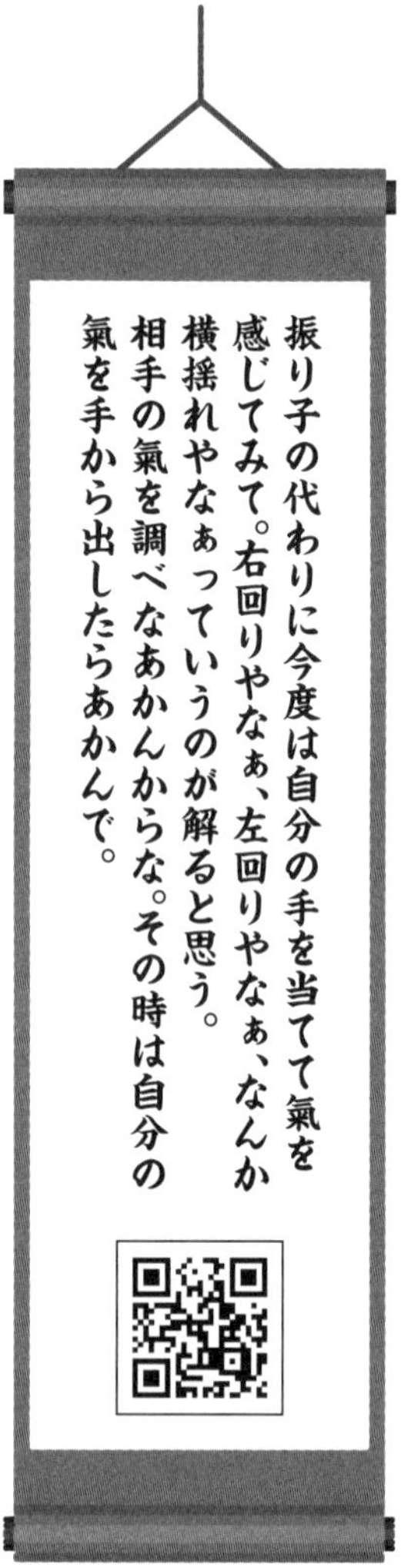
振り子の代わりに今度は自分の手を当てて氣を
感じてみて。右回りやなぁ、左回りやなぁ、なんか
横揺れやなぁっていうのが解ると思う。
相手の氣を調べなあかんからな。その時は自分の
氣を手から出したらあかんで。

29日目の練習で、ペンデュラムを使いチャクラの回転を確認することができるようになったら、今度は道具を使わずに、手の平をペンデュラム代わりに当てて、氣（エネルギー）の流れを感じてみましょう。

ペンデュラムで出来るようになっていれば、反復練習を繰り返すことで、ペンデュラムを使わずに手をかざした時に、なんとなく右回りにエネルギーが流れているな、ジグザグだな、チャクラそのものの位置がずれているな、などを皮膚感覚で理解が出来るようになっていきます。

手を直接かざす際には、自身のエネルギーを放出するわけではなく、ＯＦＦの状態にしておいてください。

もしＯＮになっていると、チャクラを調べている間に、調べているチャクラが、必要な氣を手から吸い取りますので、調べているうちに疲れてしまったりする場合があるのと、チャクラの測定を見誤る可能性もあります。

測定後ヒーリングをする時には、氣のスイッチをＯＮにして、ヒーリングをした後に再び氣の力をＯＦＦにして、チャクラを調べてみましょう。

その時にチャクラの軌道が様々だったものから右回りの真円になっていたら、ヒーリングが成功しているということになります。

皮膚感覚で理解が出来る
ようになっていきます

ヒーリングワーク
動画6

ペンデュラムでやっていたことを、今度は手だけを使って感じてみよう。

修行その30

ペンジュラムの代わりに直接手で理解する練習

・どのような流れを感じたか？

1人目

チャクラの部位	ヒーリング前	ヒーリング後

2人目

チャクラの部位	ヒーリング前	ヒーリング後

3人目

チャクラの部位	ヒーリング前	ヒーリング後

「物」

31日目　応用編　物に宿るエナジーを感じるの巻

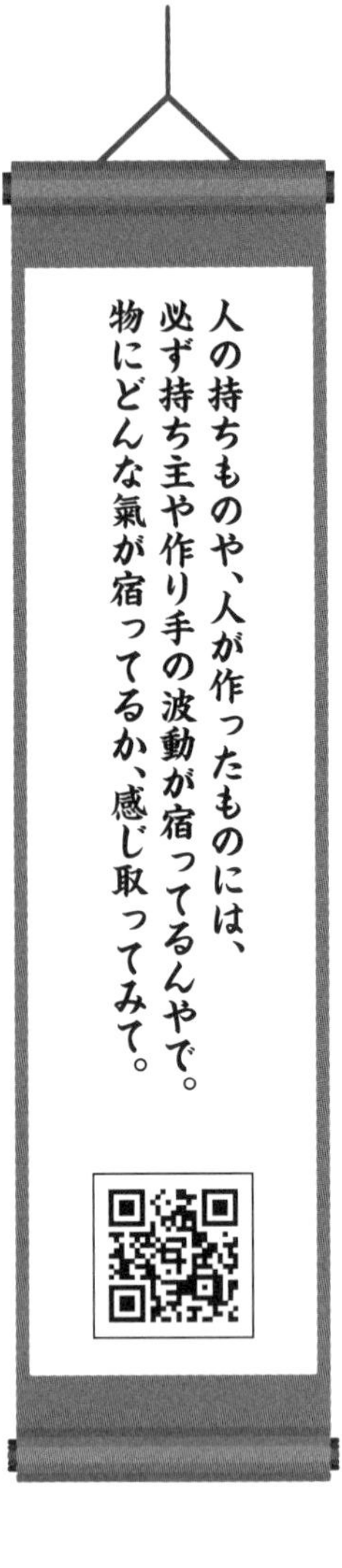
人の持ちものや、人が作ったものには、
必ず持ち主や作り手の波動が宿ってるんやで。
物にどんな氣が宿ってるか、感じ取ってみて。

人が関係している以上、物そのものの波動とは別に、あらゆるものにはその物に関わっている人間の波動が宿っています。

例えば、素材や料理、道具や車に至るまで、全て波動を宿しています。

ここでは素材そのものの波動をペンデュラムや手をかざして測ることは扱いません。

あくまで、その素材に宿っている氣（エネルギー）を確認します。

例えば、ハンバーグの場合

①ハンバーグそのものの力

↓

どのように育ったのか、添加物はどのくらい入っているかなどの力

↓

②ハンバーグに宿っている人の氣の持つ力

それを扱った人や料理する人が、その素材に関わることで、どのような氣（エネルギー）が入ったかによって決まる力。

以上のように、氣の力には2種類の力が合わさっているという性質があり、それは物そのものの力（①）と、それに関わる人間の氣（エネルギー）（②）の2つの因果関係があり、その両方の力が作用して、物に個性を与えています。

理想はとても豊かな自然の中で育てられた野菜や生き物を、人が感謝して氣（エネルギー）の高い状態で調理して頂くことですが、悪い環境のものでも、氣が高い状態で扱われたものは、食べる人に良い影響を与えたり、反対に、素材の元来持っている力が良ければ、扱う人の氣の方を改善してしまう力を持っています。

食べ物の例で説明しましたが、服やアクセサリー、家具、車なども同じことが当てはまります。

光（オーブ）の氣づき

ヒーラーは、人や動物だけでなく、物に氣を入れたり、物の邪気を払うことが出来る。

修行 その31

氣の入り方によって変化する味覚を感じてみる。

・料理
例・氣を入れる前は○○だった
　・氣を入れた後○○が変化した

・飲み物

《ポイント》
一生懸命にやれば良いということではなく、氣分良くやることがポイント

ヒーリングワーク
動画７

意識を対象の物に合わせることで、物に宿っている氣の個性を感じる

ヒーラー初級編いかがだったかな、
やれやれ世話の焼ける者じゃ！
この先道に迷ったとき、
必ず基本に戻ってこい、
基本の中には全てに通じる大切な要素が集約されているものじゃ。

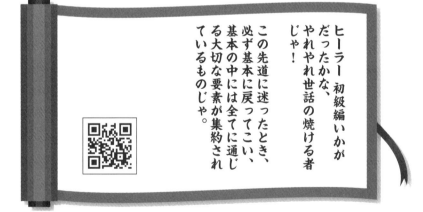

2013年、葉山のレンタルサロンでシリウスヒーリングをしている所。ヒーラー（シリウス慶氣）の左手が宇宙基地のような造型へと変化して写っている。

異次元・宇宙人？

偽情報から目を覚ませ

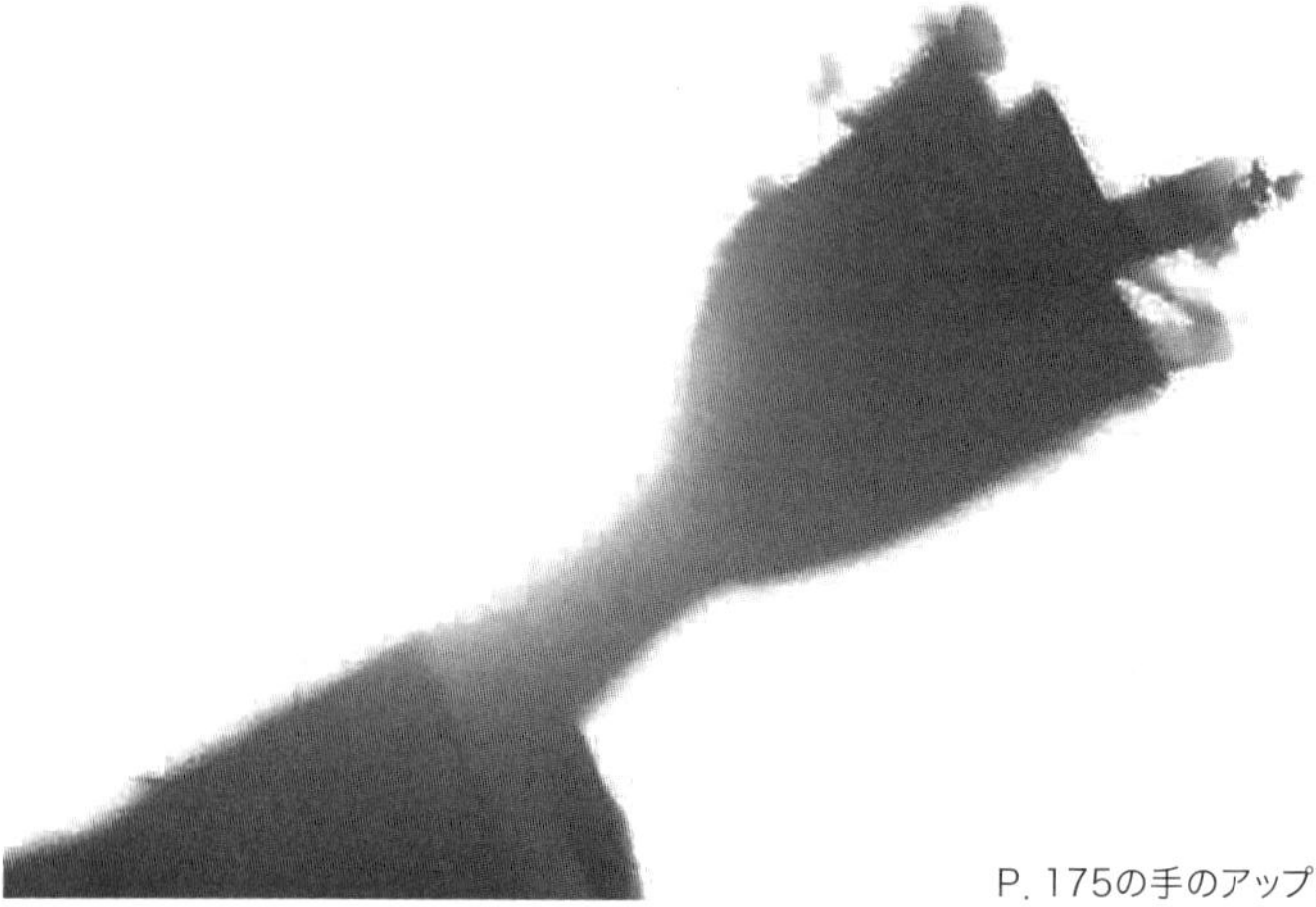

P. 175の手のアップ画像

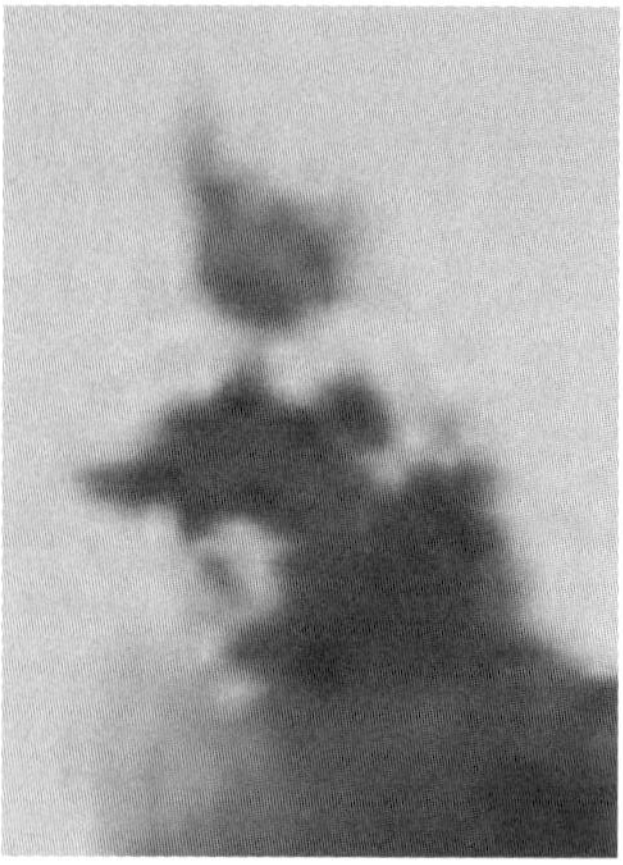

薬指のアップには小人（宇宙人？）のような存在が出現。
これは、生まれてくる前に決められている何らかの約束を意味しているのだろうか？

親指と人指し指の辺りはピラミッド型に変化。その上にはパラボラアンテナのようなオブジェクトがあります。
古代エジプト人がピラミッドを宇宙との繋がりの為に用いていたことを表しているのかもしれない。

中級編

修行32日目〜45日目

「答」

32日目　シリウスヒーリングA　～氣は知っていた～の巻

> 氣は、それぞれに自分が行きたい方向があんねん。でもな、身体の持ち主の癖や影響を受けて、氣が思い通りに動かれへんようになってたりするんや。そしたら病気になったりする。シリウスの癒やしはな、身体にある氣が、どう動きたいか。思いを汲んであげてその通り動かしてあげるんや。そしたら良い氣になってまた身体に帰っていくんやで。

氣（エネルギー）は、私たちの思考とは違うレベルにおいて、自分たちの意思を持って存在しています。

そんな氣は身体の中で自分がどこに行きたいのか、どのよう動き回りたいのかを、なんと独自に知っているのです（自然治癒力が発している氣)。

その氣が、私たちの思考や習慣からくる癖の影響を受けて、無意識の領域を動き回り、元氣になったり病気になったりすることで、表に現象として現れてきます。

シリウスヒーリングでは、16~31日目で説明をした第1~第7までのチャクラの流れを理解した上で、チャクラの流れを自ら作り出している氣を解放するようにサポートしていきます。

具体的には、チャクラにかざした手を通じて、円(もしくは他の軌道)を描いていた流れが、円の外に出て、自由に動き回る状態に導き、しばらく旅をした後で元のチャクラに戻します。

チャクラは外にエネルギーを出したり内に入れたりするセンターですので、チャクラの外に出ていくエネルギーの流れを解放していくことで、一周回って内に入ってくるエネルギーも変化をして、帰ってくることになるのです。

シリウスヒーリング解説動画

流れをつくり出している
氣を解放するように
サポートをしていきます

ヒーリングワーク
動画８

光（オーブ）の氣づき

シリウスヒーリングは、私たちの細胞の中にある素粒子を支えている高次元のシステムにアクセスをして起動するエネルギーを流すというものです。

・横浜 関内 アンドロメダサロン

Theme for today is "exploration of the possibilities"

シリウス慶氣のヒーリング動画
SIRIUS Orbs Healing to Explore Possibilities Sirius healing Japanese healer Sirius Yoshiki
2021 年 4 月 16 日

・葉山 シリウスサロン

「全力で生きる　全霊で生きる
一度きりの人生に氣がつく」
2021 年 4 月 9 日

修行その32

チャクラの外の氣を感じて見る
（氣付きを書く）

・チャクラの周回軌道から脱出（P180・P181 の動画参照）
（旅をして）

↓

・自由に動いた後にチャクラに戻る

↓

・変化を見る為に、チャクラの流れをもう一度感じる

「合」

33日目　シリウスヒーリングB〜氣の流れに逆らわずに乗る〜の巻

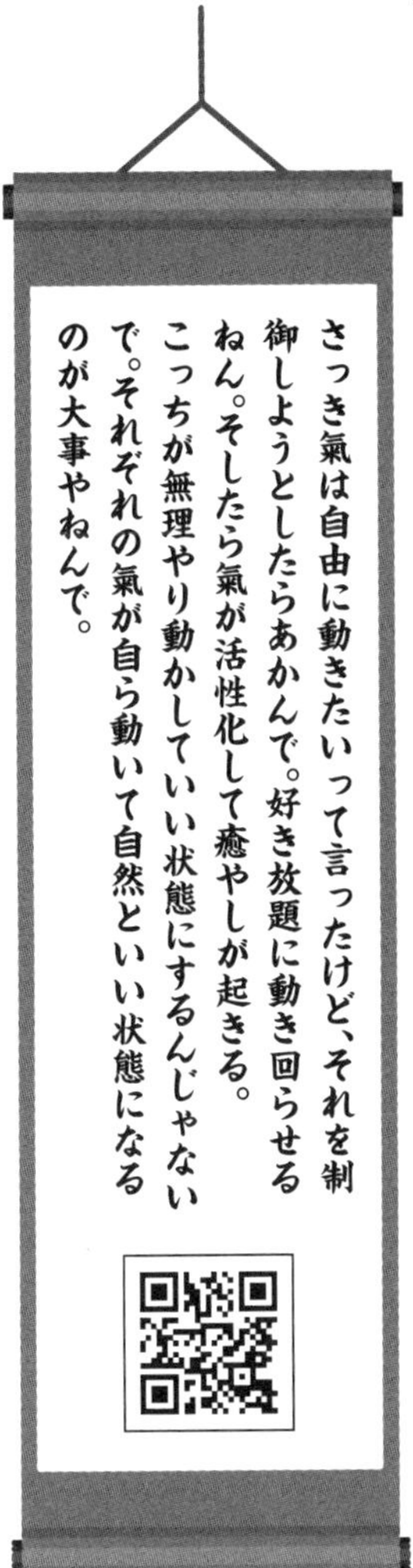
さっき氣は自由に動きたいって言ったけど、それを制御しようとしたらあかんで。好き放題に動き回らせるねん。そしたら氣が活性化して癒やしが起きる。
こっちが無理やり動かしていい状態にするんじゃないで。それぞれの氣が自ら動いて自然といい状態になるのが大事やねんで。

シリウスヒーリングAでエネルギー解放を始めると、意思をもつ氣（エネルギー）は、私たちの自我意識とは別に、独自の再生能力によって様々な方向へと縦横無尽に動き回っていきます。

これはシリウスヒーリングの特徴ですが、その縦横無尽に動き回るエネルギーをコントロールすることなくむしろ応援します。

高次元の作用によって、自我意識から解放されて、個性的に動き回り始めることの出来るようになったエネルギーの軌道は、一通り好き放題にした後に、徐々に自然の状態に戻っていき、その過程において深いヒーリングが起きるのです。

このプロセスは、持ち主の氣を使い、持ち主の氣が活性化することが大切で、好き放題やっているのに、最終的にはチャクラが真円の右回りになるという過程が、シリウスヒーリングの重要なポイントです。

そのことにより、ヒーリング後に元に戻ることなく、ご自身のエネルギーだからこそ、一番自然に馴染むということに繋がるのです。

【ポイント】真円にしようとしないのに、真円になることが、自然治癒力が発動しているという現れです。

続・シリウスヒーリング解説動画

動き回るエネルギーを
コントロールすることなく
むしろ応援していきます

ヒーリングワーク
動画９

光（オーブ）の氣づき

無意識の深淵に眠る超意識が、完全な知恵に近づく為の通り道になっています。超意識にアクセスすることさえ出来れば、全てはその時の完全な状態へと向かって自動的に変容が起こるでしょう。そのことをサポートする為に私たちは働いているのです。

修行 その33

実際にヒーリングをして、エネルギーが行きたい
方向へ向かう手伝いをする
最終的に自然と流れが整う様子を確認する

・ヒーリング時の氣づきを書く

・ヒーリング数日後の変化を書く

シリウス慶氣のヒーリング動画
「シリウス流星群」
2021 年 3 月 15 日

シリウス慶氣のヒーリング動画
「創造性を発揮する」
2021 年 4 月 8 日

「戻」34日目　グラウンディングの巻

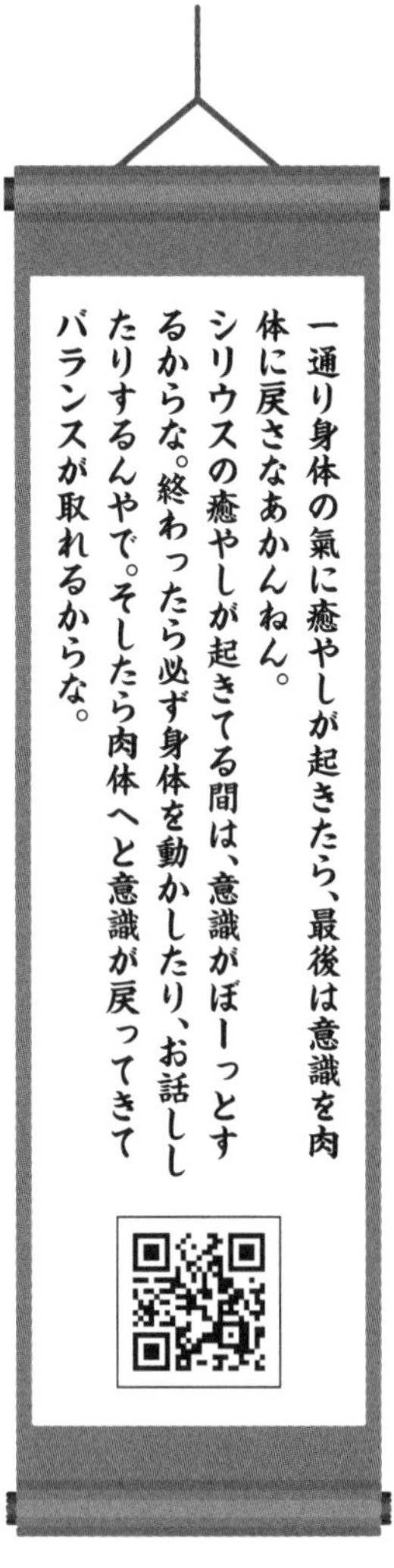
一通り身体の氣に癒やしが起きたら、最後は意識を肉体に戻さなあかんねん。
シリウスの癒やしが起きてる間は、意識がぼーっとするからな。終わったら必ず身体を動かしたり、お話ししたりするんやで。そしたら肉体へと意識が戻ってきてバランスが取れるからな。

一通りのヒーリングプロセスが終了したら、グラウンディングと呼ばれる、意識が肉体に戻るようにする行為をします。

シリウスヒーリングのグラウンディングの方法は至って簡単です。

ヒーリングの時間を終えてから、自身の氣をＯＦＦにして（27日目参照）、しばらくお話しをするということで、意識が肉体の領域に戻り、グラウンディングが自然に出来ます（8日目参照）。

スピリチュアルヒーリング時は、ヒーラーや受け手の脳波が、シーター波や場合によってはデルタ波というとても細かい波長が多くなるといいます。

シータ波は深い睡眠の時に良くでる脳波であり、デルタ波は脳死の人に近いような領域の脳波です。

どちらにせよ意識がぼんやりしたり、急に飛んだりする非日常的な脳波ですので、身体を動かすことや会話をすることで、**能動的なベーター波の脳波を活性化することでエネルギーのバランスが取れる（話すことでグラウンディングできる）のです。**

《注意点》グラウンディングするといっても、会話の内容は、ヒーリングや目に見えない世界の内容でも構いません。

脳波計によって計測される脳波

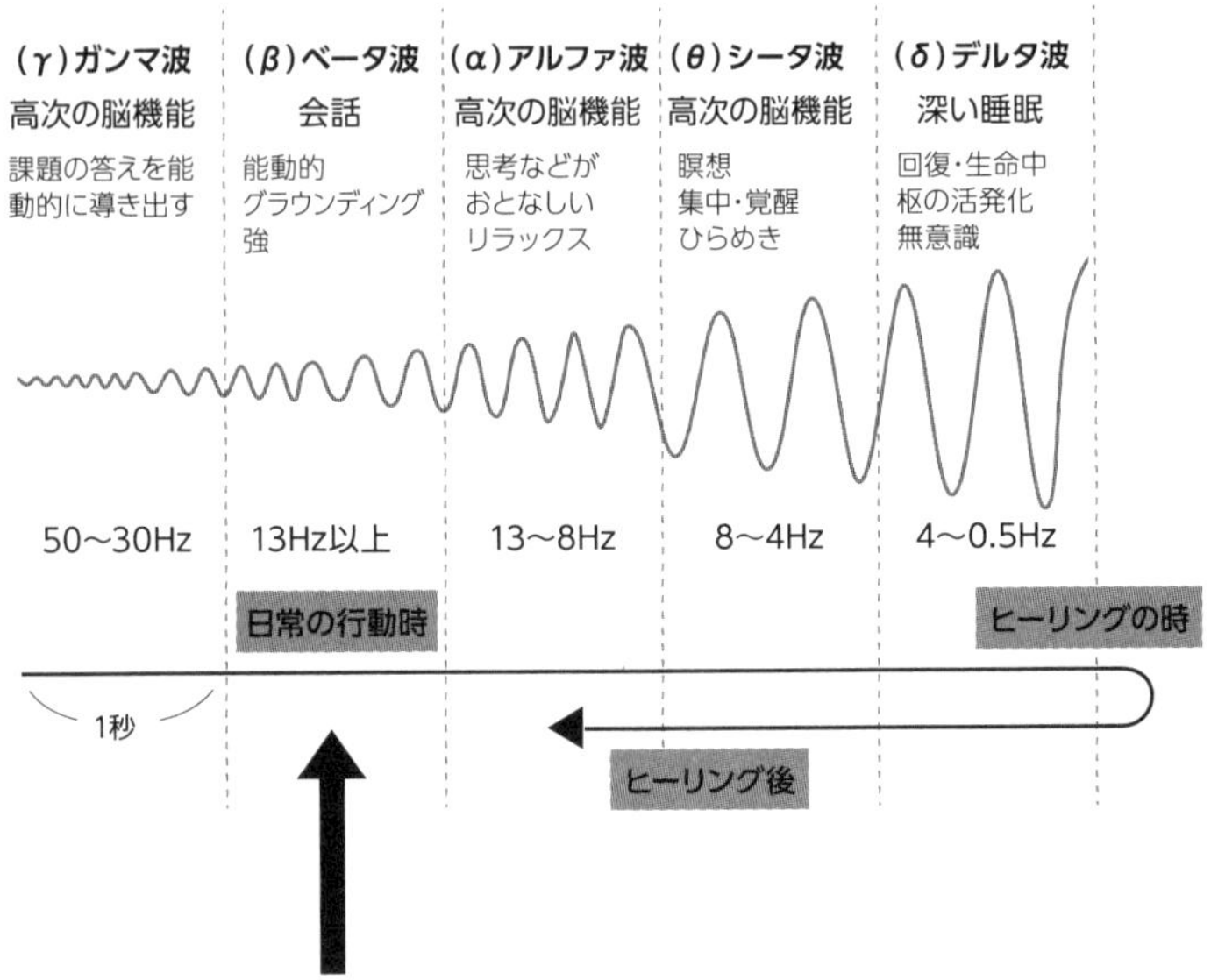
(γ)ガンマ波
高次の脳機能
課題の答えを能動的に導き出す
(β)ベータ波
会話
能動的
グラウンディング強
(α)アルファ波
高次の脳機能
思考などがおとなしい
リラックス
(θ)シータ波
高次の脳機能
瞑想
集中・覚醒
ひらめき
(δ)デルタ波
深い睡眠
回復・生命中枢の活発化
無意識
50〜30Hz
13Hz以上
13〜8Hz
8〜4Hz
4〜0.5Hz
日常の行動時
ヒーリングの時
1秒
ヒーリング後

ベータ波（Beta Wave）は、脳活動の周波数帯を表す言葉で、13Hz 以上のものを指す。

ベータ波は能動的で活発な思考や集中と関連付けられている。
↓
グラウンディング（肉体の意識に根付いていること）

※ちなみにシータ波は、記憶形成を担う 8Hz 〜 4Hz。海馬新生ニューロンの分化が促進される。

修行その34

シリウスヒーリングをした後にお互いの感想や、
ヒーリングの内容を話す

①

②

③

「頭」

35日目　頭部をヒーリングするの巻

頭痛い人がいたとするやろ？　原因は、頭を流れてる氣の循環が偏っててんねん。仕事とか生活の仕方とかによって、負担がかかり続けたらこうなるねん。そんな時は、さっき手と手の間に氣を集める練習したやろ？　その感じで頭に手を当ててみて。氣が活性化して余計に痛くなってから痛みがなくなる場合もある。

こちらでは、頭痛などの頭に影響が出ている場合のヒーリングの考え方を説明します。

先ず頭の不調に関しての氣（エネルギー）のレベルでの原因は、頭の中を流れている氣の循環に偏りがあることです。

①チャクラチェック（ペンデュラムもしくは手を使う）

頭が痛いという方の頭のチャクラ（第6と第7）は、ほぼ間違いなく歪んでいます。

なんらかの職業病や生活習慣によって、ある部分だけに強い負荷がかかることが繰り返されると、エネルギーの流れが歪み、循環を上手くすることが出来ずに滞《とどこお》りが出来てくるのです。

②手当て（ヒーリング）

先ずは簡単な方法として、「修行5日目」と「修行6日目」で練習をした、手と手の間に氣を創り出した要領で、ヒーラーの手を頭が痛いといっている部分もしくは頭の中心に当ててみましょう。

頭の中での氣が流れる力が、これで活性化される場合には、一時的に頭痛が激しくなり、その後痛みがなくなることがあります。

もし、手をかざした後に、自身の身体の氣が著しく減少していくようであれば、「修行7日目」の方法で、意識と氣を自らに戻しながらヒーリングをすることで、バランスを取り戻していきましょう。

③シリウスヒーリング

「前項②」の手当てで起きることは、氣の流れを強くすることによって起きるヒーリングです。

しかし注意点としては、血管が弱っている場合には、一時的にでも流れるエネルギー圧が強まる方法は脳梗塞のリスクが高まりますので、頭のチャクラのエナジーが不調和なりにも、どのように動きたいのかを感じて解放をしていくことで、圧を高めることなく、不調和を生み出して滞っている部分のエナジーを全身へと繫いでいきます。

そうすることで解ってきたことは、頭痛は、身体と頭が切り離されて、連動する力が弱っている故に引き起こされているということが、ほとんどだということです。

シリウスヒーリングをすることで、圧の逃げ道が作られますので、②のエナジーによる圧もより安心をして流すことが出来るようになります。

氣の流れ（氣が無意識的に向かいたい方向）に逆らわずに応援する形で、氣の勢いを増していくように導き、やがて自身の氣が無意識的に解決や達成するレベルの氣にまで発展していけば、ヒーリングが成功したということで、シリウスヒーリング完了です。

《注意点》

頭の痛みをなくそうと力んでパワーを強めようとしないこと。

問題点が頭だとしても、全身のバランスを取るようにヒーリングをする。

シリウス慶氣のヒーリング動画
「激痛をスピリチュアルヒーラーに任せてみたらヤバかった映像」
(2021 年 2 月 19 日)

手当て法　ヒーリング解説動画

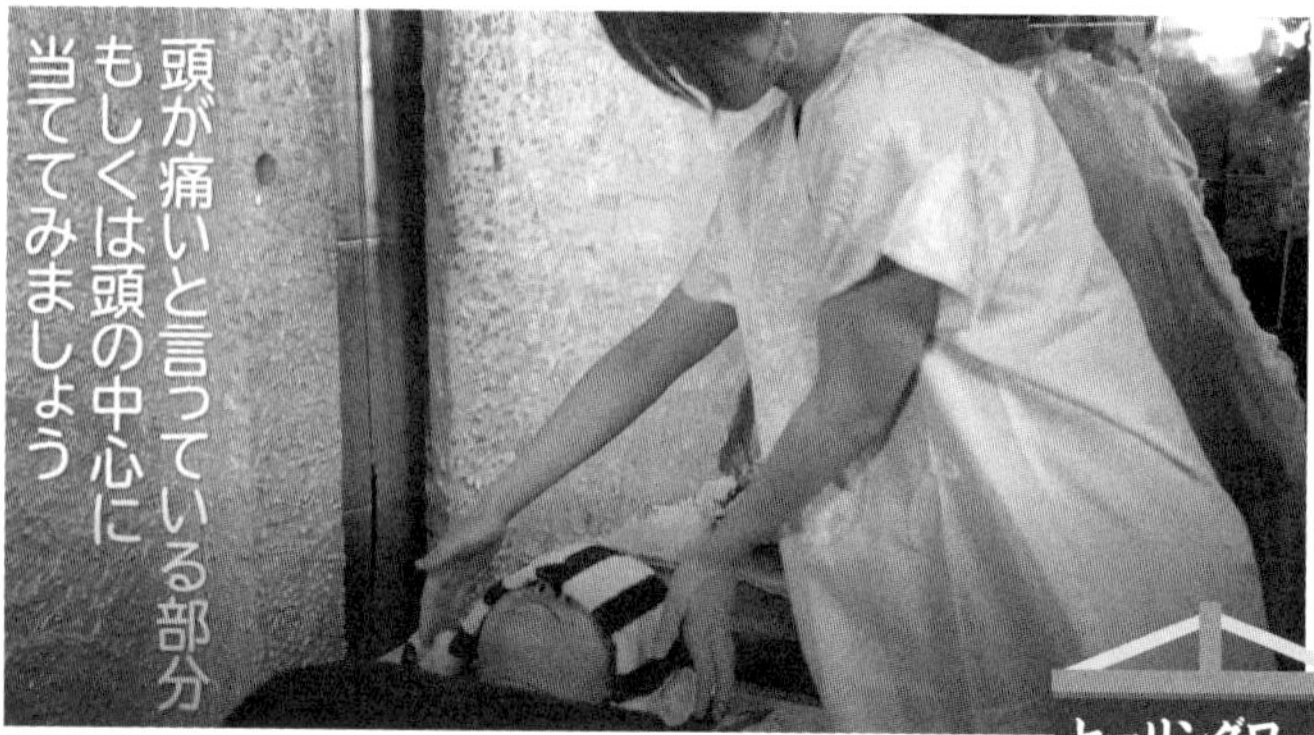
頭が痛いと言っている部分
もしくは頭の中心に
当ててみましょう

ヒーリングワーク
動画 10

身体の具体的な部位に不調がある場合に
実際にヒーリング（手当て）を行う

光（オーブ）の氣づき

　シリウスヒーリングは、部分ではなく身体全体や空間全体を使って、ヒーリング箇所へと求められるアプローチをする。

修行 その35

①頭が痛い、もしくは時々痛くなる方のチャクラをチェック

②ヒーリング（手当て法もしくはシリウスヒーリング）をして氣を流す

③再びチャクラをチェックして、どんな変化があったのかみる

「痛」

36日目　ヒーリング箇所によっての氣づき①　頭痛の巻

第7チャクラは高次チャクラ。非物質を扱うところで、信じていることや、信念に負担がかかってるってことを訴えてるの。

シリウスの癒やしは、単に体が楽になるっていうのだけじゃなくて、氣づきによって生き方の軌道修正ができるところも醍醐味なんやで。


頭が痛いということは、端的に言うと、第7チャクラと第6チャクラに不調和が起きているということです。

第7チャクラは高次チャクラですから、非物質的な信じていることや信念に負荷がかかっていることを暗示しています。

例えば第7チャクラの不調和は、自分は大変なことをやらなくてはいけないのだと長い間信じている、辿り着きたい目標と自分が信じている手段が合っていないなど、信じていることと行動のギャップなどで表れています。

氣づきによるヒーリングというものは、単に身体が良くなって、一時的に苦しみから解放されることではなく、氣づきによって、自身の生き方の軌道修正を同時にして、魂レベルでの進化をすることが可能になることが、スピリチュアルヒーリング（シリウス）の醍醐味でもあります。

実例紹介

私が頭が痛くなる時は、子どもの入学式や卒業式など、大勢の人が集まる場所に行く前日などです。現実よりも一日二日早くその霊的なエネルギーを第6チャクラ（額のチャクラ）で感じるので、一時的に頭の中が情報過多になり、頭痛になるということもあります。天気によっても同じようなことが起こり、低気圧の時には、頭の処理能力がゆっくりになったりすることもあります。

そのような時は、原因を理解して、それ以上頭に負荷をかけないように、しばらく安静にしていると自然と症状は落ち着いていきます。

修行その36

実例紹介のように、レポートを作成する①（必ず実際のヒーリングをやってから）

頭のヒーリングをやってみて、
理解したことや浮かんだ仮説について

《レポート》

「想」

37日目　喉や胸の不調をヒーリングするの巻

喉や胸の不調もチャクラが関係する。チャクラを出入りする氣がちゃんと循環してないねん。例えば片側だけに氣が流れたら負担がかかってその場所が病気になる。感情がうまく出されへんかったり、表現ができなくても、チャクラが乱れて病気になる。チャクラを整えて心で感じたり、思ったことを表現できるようになると自然治癒力が上がっていくんやで。

喉や胸の不調をヒーリングする場合にも、同じことが言えます。

喉や胸の中心のチャクラを出入りする氣が、何らかの不調によってバランス良く循環していない状態なのです。

例えば、流れる氣が右ばかりに偏っていたら、右側の負担が大きくなり、その場所が乳がんやリンパ種になったりしやすくなります。

その場合には、不調和が出ている右側ばかりに氣をとられてもだめなので、先ずは基本に立ち返り、ハートチャクラの軌道をチェックして、本来は左にも行きたい筈の氣が左に行けるようにヒーリングによって癖づいている流れを解放していきます（ヒーリングでは、局所的な処置よりも全体のバランスが重要）。

ハートの場合と同じく、喉の場合にも、本来なら感情を出さなくてはいけない状況で、出せないことが長い間続いてしまったり、感情や発言をしてもちゃんと汲んでもらえない、自分自身も氣がついていないなどの心的要因からも不調和が起こっていきますので、感情をしっかりと使うこと、エナジーを良い方へと動かすことを、ヒーリングにより助長することで、喉や胸の自然治癒力や免疫力が上がってきます。

喉や胸のシリウスヒーリング解説動画

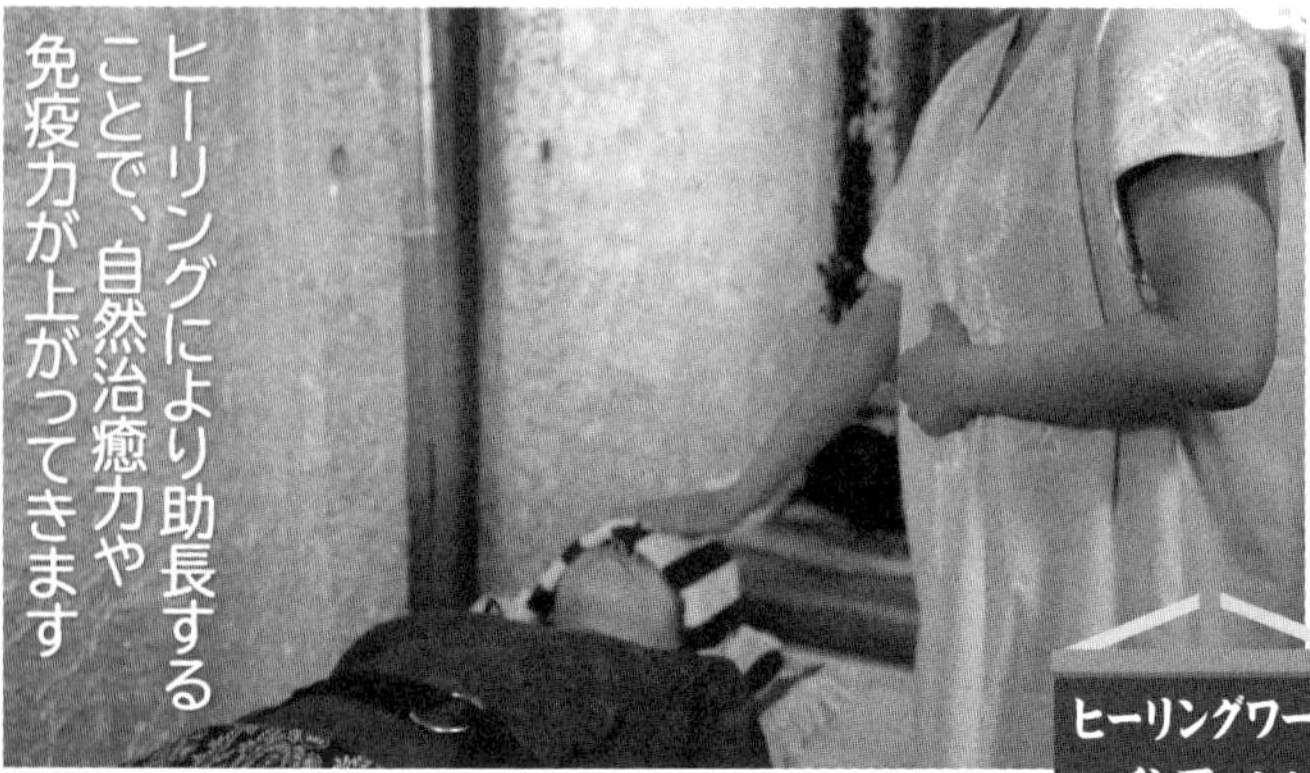
ヒーリングにより助長する
ことで、自然治癒力や
免疫力が上がってきます

ヒーリングワーク
動画 11

光（オーブ）の氣づき

ヒーラーは自分自身もまた、表現者であり、自身の人生の主人公であることを理解していることが大切。

実例紹介

私の祖父は生前、不動産業を個人で営んでいました。

私が小さな頃は沢山遊んでもらい、とても大切にしてもらったことを憶えています。

そんな祖父はヘビースモーカーで、いつも沢山のタバコを吸っていました。

タバコの煙は肺に入っていくので、ハートチャクラのエナジーに不調和が出ているのを、同じような不調和の波長を持つタールやニコチンで、紛らわして凌《しの》いでいたのだと思います。

その後祖父は、私が小学生の時に突然の心臓発作であの世に行ってしまい、二日後に、泣いていた私の夢の中に現れて、別の世界に行くので心配しないで良いと伝えて消えていきました。その夢の出来事によって、当時の私の胸の悲しみや負荷はとても癒やされました。

ヒーリングは必要とあらば、夢の中でも行われるのです。

修行 その37

レポートを作成する②

喉や胸のヒーリングをやってみる（ヒーラー側の視点）
【レポート】

《注意点》
ヒーラーは、医師のすすめる治療法や投薬に関して、妨げになるようなことを言わないこと。
あくまで受け手の自由意志に基づいて、自己のヒーリングを求められた時にそれを行う。

「開」

38日目　ヒーリング箇所によっての氣づき②　本心で語るの巻

喉や胸のチャクラを癒やすときは必ず、心で感じること。シリウスの癒やしを施す側が、本心で語って本心を開くことで、相手も心を開くようになるからな。シリウスの癒やしによって必要のない氣の癖が緩んだら、病気も癒やされていくんやで。

喉や胸のチャクラをヒーリングする際にポイントになるのは、心で聞くことや心で感じることです。

何故なら、喉のチャクラに不調和が出ている場合には、その方の口から出てくる言葉は、素直な本心ではないからです。

難しく脚色された言葉でも、ヒーリングする側のヒーラーのチャクラで、濾過《ろか》をしてクリアな部分を受け取っていくことで、本心を感じるということが可能になっていくのです。

つまり、ヒーラー側が本心で語り本心で聞くからこそ、相手も本心を話すことが出来るようになります。

ヒーリングによって不要な氣の癖が緩み出すことで、日々のリズムが変化して、長い間本心を閉ざし本音を言わないことで患《わずら》ってしまった疾患も、癒えるようになっていくことがあるのです。

光（オーブ）の氣づき

表に出てきた言葉の奥にある私たちの本質を、高次元の住人たちは見抜いている。

自分の氣づきやスタンスによって、ヒーリングを受ける相手を心で感じることで、しやすくなる現象を実際に確かめてみる。

・どのような自分の氣づきやスタンスで接してヒーリングをしましたか？

・その結果として変化を感じたことはありますか？

《注意点》
ヒーリングの効果は個人差があり、事前にその効力を受け手の方に保証することは出来ない旨を説明しておきましょう。

「内」

39日目　お腹のヒーリングの巻

新たな視点の投入じゃ。別々で物を見るのではなく、連動して見る力を養うのじゃ。繋がりに気付くことじゃぞ。さあ、伝授しようではないか。

氣（エネルギー）のレベルにおける、お腹にある内臓のヒーリングは、一つ一つを健康な臓器と、別の不調になっている臓器とは見做《みな》さずに、なるべく大きな一つのもの（一つの身体）として捉えます。

そうすることで、**全体から（繋がっている他の臓器や血管から）**の氣を必要な部位に取り込むことを助ける力が増していくからです。

例えば、胃のヒーリングの場合には、胃の場所にある第3チャクラだけではなく、第1、第2チャクラと連動することで、胃に触れることなく、胃の痛みや不調を改善するということも出来ます。

ヒーリング的に見た胃や腎臓、肝臓などのトラブルで、最も多い病気の原因の多くは、日常生活の氣の需要と供給のバランスが合っていないことです（無理をしているということ）。

それらの病気は、第1チャクラ～第3チャクラの消化する力を越えたレベルの量の食べ物やアルコールやストレスが入ってくることで最も多く引き起こされるので、ヒーリングでは、低迷していた消化力（第3チャクラ）や吸収力（第2チャクラ）、排出力、基礎代謝（第1チャクラ）を、自然治癒力を刺激することによって高めることで、状況を好転させていくというアプローチをします。

実例紹介

それは私がカナダに住んでいた時のことです。

ある日突然、私は下腹部が痛くて痛くて歩くことも出来ない状況になってしまった時、あるガイダンス（助言）を、見えない世界から受け取りました。

その助言はなんと、「大量のビールを飲めば治る」とのことでした（それ以外の説明は一切ありませんでした）。

それを聞いた私は、痛みを我慢しながら、這うようにアイリッシュパブまで辿り着き、大ジョッキ（日本の中ジョッキ2杯分位）のビールを何とか3杯飲みました。

すると不思議なことに徐々に下腹部の痛みは引いていき、次の日には本当にかなり動けるようになっていたのです（何故このことがお腹のヒーリングに繋がっていったのかの詳しい理由は、次の章をお読みください）。

《注意》これは私が実体験したとてもユニークなヒーリング例ですので、決しておすすめする訳ではありません。

つまり、ある種の蓄積していた感情やストレスが、身体に病として出てきたところを、氣持ちの部分をアルコールにより解放することで解消してしまったという、**病は氣からの因果関係を示す解りやすい事例だったのです。**

光（オーブ）の氣づき

シリアス人間（生真面目）からシリウス星人（直感型人間）へ。
真面目によって溜まったエネルギーには、喜びやユーモアのエネルギーが必要です。

修行その39

ユニークなインスピレーションを軽んじることなく真面目に実行してみる

・何を実行しますか？

・その結果はどうでしたか？

・そのことでヒーリング（癒やし）が起きたメカニズム（仕組み）は何だと思いますか？

「自」

40日目　ヒーリング箇所による氣づき③　個性を発揮するの巻

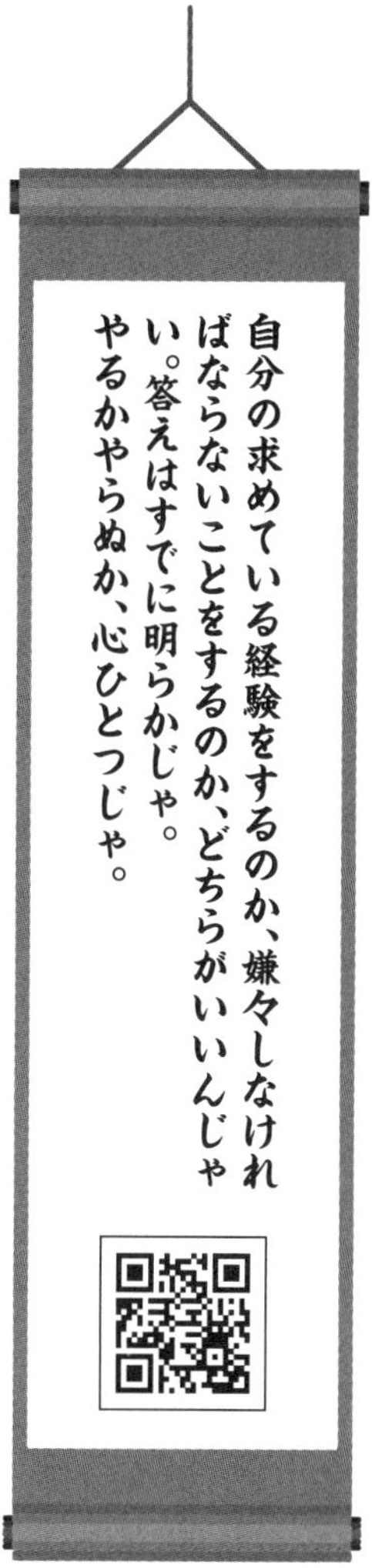
自分の求めている経験をするのか、嫌々しなければならないことをするのか、どちらがいいんじゃい。答えはすでに明らかじゃ。
やるかやらぬか、心ひとつじゃ。

お腹のエネルギーは、物質界の肉体にエナジーを供給している第3チャクラ・第2チャクラによる影響が大きく、それらは私たちの現実感や物理現実に密接に関係しています。

そんな第3チャクラのエナジーは、私たちがこの物質世界を生きるにあたって与えられている、個（個人や個性）の力の源です。

例えば、私たちの無意識は、自分の個性に基づいて好きなことをやっている時には、胃の辺りのエネルギーは、積極的に入ってくるエネルギーを消化して取り込もうとしますが、自分が好きでないことや自分と相性の悪いことに関しては拒絶をして、その時は消化力も格段に低くなるのです。

つまり、私たちがこの因果関係に無頓着で、自分を楽しませたり、自分の求めている経験をチャクラに入れずに生活をしているのと、人生で様々なことを楽しもう、味わおうとして生きているのとでは、大きな違いが精神的にも身体的にも現れてきます。

この因果関係は、同じものを同じ量食べていても病氣になってしまう人と、害もなく元氣になっていく人との違いとも、深く関係しているのです。

私たちは日々集団の中で生きる存在でありながらも、個の存在のもつ力を発揮出来る環境（集団）に共鳴することで、深い幸せを感じるように出来ています。

身の回りの自然を味方につけることで（12日目を参照）、このチャクラの氣が強くなると、集団のネガティブな影響を受けづらくなり、個性的なエネルギーをもつ人たちで引き寄せ合うようになっていきます。

それは私たちが、人と人との力だけで生きているのではなく、自然の力によって下支えされて存在することが出来ている生きものだからです。

光（オーブ）の氣づき

あなたの持っている個性や、あなたの好きなものを認めて伸ばしていくことは、人生に喜びや幸福をもたらします。

個性は、生まれてくる時に、私たちがこの世を生きる為に授かった宝物だからです。

自分の好きなことを、普段の３倍以上の量やってみる

・○○を普段の３倍やってみた
するとどうだった？

・○○を普段の６倍やってみた
するとどうだった？

・○○を普段の９倍やってみた
するとどうだった？

「重」

41日目　下半身〜足のヒーリングの巻

一つ一つの秘訣が、どれも大切なのじゃ。たくさんあるが、焦ることはない。丁寧に、自分自身で咀嚼《そしゃく》して、身体に落とし込んでいくことが重要じゃ。近道はない。一歩、一歩だぞ。肝に命じておくが良い。

腸のヒーリングもしくは生殖器系のヒーリングをするには（エネルギーの密度の濃い領域なので）他の器官をヒーリングするよりも、深いグラウンディングと圧の強い第1・第2チャクラのエネルギーが必要です。

何故なら、元々は軽い上半身の氣がグラウンディングして蓄積し、圧縮された氣が下降して集まっているエリアが下半身だからです（上のチャクラのエネルギーを変換して重くしたものが、下のチャクラのエネルギーになる)。

全長7~9メートルとも言われている、肉体の中で蛇行してる私たちの腸は、非物質の領域においても、膨大な量の先祖や環境からの記憶や感情が、長い時間をかけて化石のように肉体に圧縮されたものが遺伝的に宿るデータバンクのようなもので、私たちの運命的な性質を肉体の中へと宿すという役割をしています。

つまり腸は、単に消化・吸収の為だけの器官ではなく、私たちや私たちの先祖の人生がどのようなものであったのかということを、波動を通して私たちの肉体に記憶しているのです。

この第1・第2チャクラのエリアにヒーリングが起こることで、卵巣や子宮が治癒することがありますが、この現象は、腸や生殖器官に溜まった不純物が、第1チャクラや第2チャクラの氣が高まることによって体外へと排出され、新しい新鮮な氣が入ってこれるようになることで起きています。

ヒーリングによって自然治癒力を高める為には、溜まった添加物や科学物質、蓄積された薬剤や細胞の記憶を、リセットしていくことも有効になります。

そして、私たちの肉体と霊体の中間の領域を、菌や微生物が担ってくれています。

この菌や微生物の性格は、チャクラのエネルギーのヒーリングにより好転します。

実例紹介

ある婦人科系の病気を患っているAさんに、スピリチュアルヒーリングをした2日後の出来事です。

夜になるにつれてAさんは40度近い高熱になっていきました。眠ることも出来ずに、汗だくになりながら辛い一夜を過ごしたAさんでしたが、次の日には大分熱も落ち着いてきたそうです。

たまたま後日、病院の検査だったのですが、そこで以前レントゲン写真に写っていた腫瘍の塊が小さくなっているということを聞かされたのです。

修行 その41

ヒーリングによって、何らかの浄化反応や好転反応が発生するところまで力を高める(小さなことでも良い)

・こんな反応があったのちに○○が改善されたということを書く

・こんな浄化があったのち○○に氣がついたということを書く

《注意点》

好転反応は様々な形で表れるが、ハードなものもあるので、その時は更にヒーリングをするのではなく、反応が落ち着くまで安静にしていることが好ましい。

「知」42日目　ヒーリング箇所による氣づき④　記憶と肉体の巻

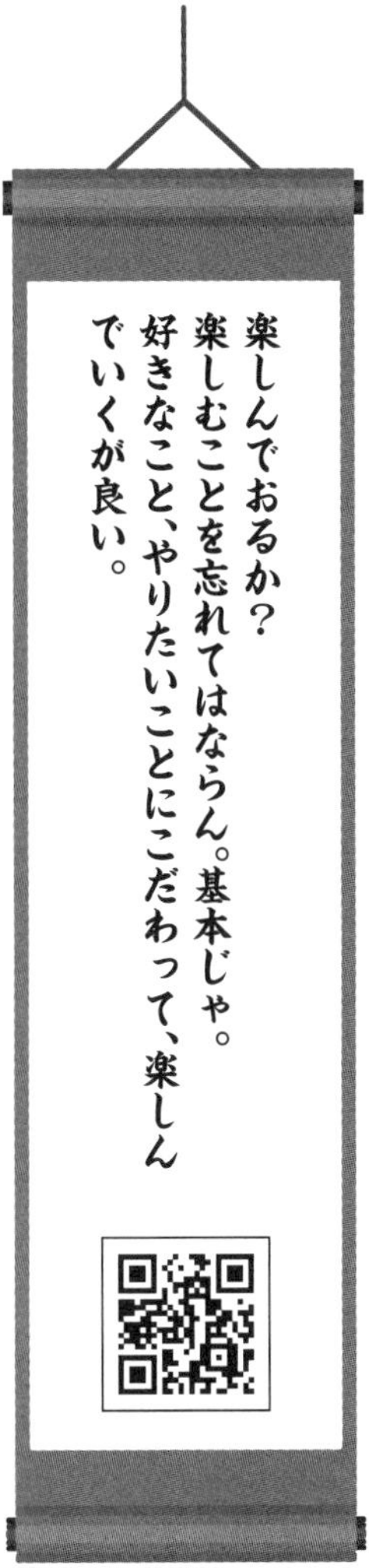
楽しんでおるか？
楽しむことを忘れてはならん。基本じゃ。
好きなこと、やりたいことにこだわって、楽しん
でいくが良い。

人が生きていく上で生じる様々な記憶が溜まっていくのが、下腹部を管轄する第2チャクラと第1チャクラです。

これらのチャクラを通して様々な記憶が肉体と骨にインプットされています。

当然のことながら、生きる上で大変なことや辛いことは誰しもありますが、これらの経験が多過ぎたり、乗り越えることが出来ずに細胞に溜まっていってしまうと、今日も大変なんだろうな今日も辛いだろうなといった形で細胞が記憶していくので、精神的負荷が限界に達した時点で、肉体レベルの病気として圧縮されて移行する形になり、物理領域へと現れてきます。

つまり精神的には、日々の生活をいかに楽しく気持ちよくするかということの重要性や、この世界の自分に起きてくる事象に対しての様々な氣づきがついてくることによって、エネルギーが復旧すると、自然治癒力や人生の運氣が上がってきます。

そして、私たちの肉体に宿る細胞の記憶は強力なので、外部からの新しい刺激によって内的変化を生み出していくことに繋がっていくスピリチュアルヒーリングは、とても有効です。

光（オーブ）の氣づき

シリウスのヒーリングを受けた後に、腸のデトックスとしてお腹を下すことがあります。これは、流れている波動が変わったことによって、腸内の細菌たちが動き出した為です。

ヒーリングによって、過去の記憶を変容させ、苦しみを好転させる

・過去のトラウマなどが現状に対してどのような支障があるのかを自分なりに紐解いてみよう

・その後、新しい理解で過去を認識できるようになったか？かつての支障は新しい原動力に生まれ変わったか？

「縁」43日目　応援を頂けるかの巻

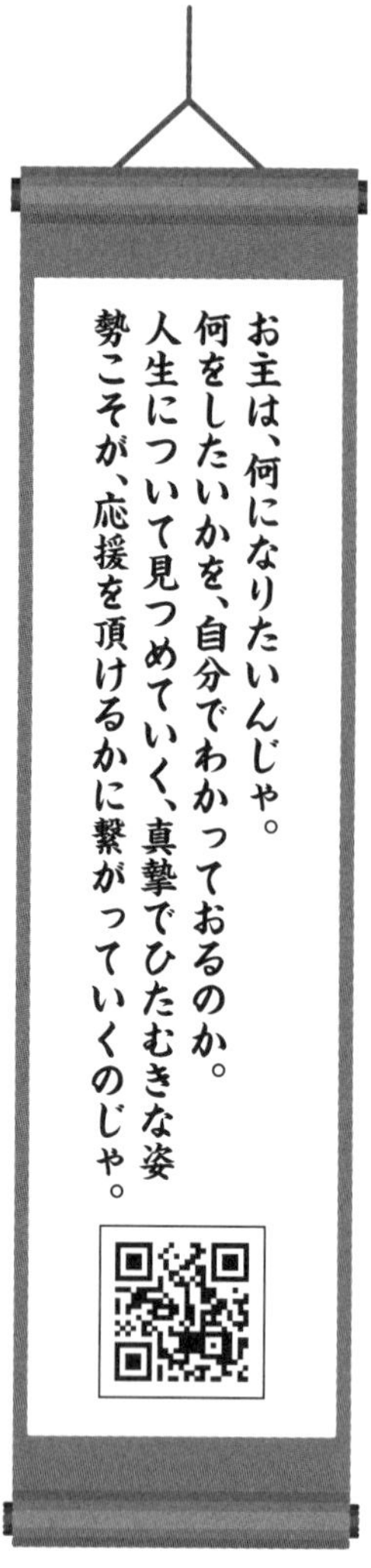
お主は、何になりたいんじゃ。
何をしたいかを、自分でわかっておるのか。
人生について見つめていく、真摯でひたむきな姿
勢こそが、応援を頂けるかに繋がっていくのじゃ。

これはヒーリング（ヒーラー）に限らないことですが、太宰治の小説『走れメロス』の物語のように、自分の始めたものを続けていく中で、最初にご縁をくれた人や手ほどきを与えてくれた先生に、極力不義理をせずに応援してもらうことが出来れば、ヒーラーにかかわらず、後から道を歩んでいく者にとってこんなに有難いことはありません。

現在身の回りの私たちを支えてくれている人たちはもちろんのことですが、ついつい私たちは、最初の氣持ちや、はじめの何も解らなかった頃の自分に手ほどきをしてくれた先輩たちや、既に魂の存在になっている先人たちの恩を忘れてしまいがちです。

この章では、ふと立ち止まって深呼吸をし、これからの私たちがどのような考えや行動をしていくことが、自分を助けてくれている人たちの恩返しになるのかを、考えたり感じたりする時間にしてみてください。

例えば、先人や見えない世界の存在たちから「私はあなたに知恵や力を授けて良かった」「私たちはこれからもあなたの幸福を願いたいと思います」というようなことを、感じてもらえたり、言って頂けたりするような自分に私たちがなれれば、きっと私たちのこれから先の未来も、様々な守護を、目に見えない世界と今生きている私たちの世界の両面から受け取り、より良い未来へと進むことが出来るでしょう。

この世界は、あなたが大切にしたものに大切にされるという、鏡のような世界です。

もし仮に、あなたの大切にしていた人が、ある時この世を去ってしまったとしても、その縁は別の世界において、必ずあなたの元に戻ることでしょう。

もしかしたら、あなたが今そのことに氣がついていないだけで、もうあなたのすぐ側に、かつての縁は、魂や光の粒子として戻ってきているかもしれないのです。

魂の視点で、目の前の人やものを見つめてみてください。

今見えているものと、以前見えていたもの（初心）を思い出した時に、それらは時空を超えて、今も同時に存在していることを感じることが出来るでしょう。

ここで、師匠の実例を伝えようではないか。
推薦を貰うということが、
どういうことなのか、心して聴くがよい。

《実例》10年前にヒーリングを受けた先生より推薦を貰う

推薦文

私が慶氣に初めて会ったのは、2011年4月6日、カナダのブリティッシュコロンビア州ビクトリアでした。エネルギーワークのことで彼から連絡を受けたのが始まりです。

彼はとってもオープンな性格で、親切。自分が何がやりたいのか、何を学びたいのかがブレない。私はそんな彼の持つエネルギーと人柄が大好きになりました。私のヒーリングのやり方を彼に教えると、彼はほんのかすかなエネルギーを感じることができるので、すぐに理解してできるようになっていました。それはとても穏やかで心地の良い経験でした。

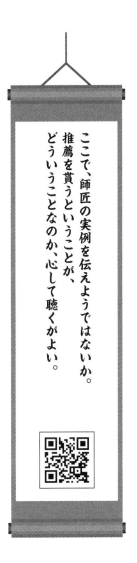

慶氣は、初めからとても自然にエネルギーワークができていたので、私はきっと彼はこういったことを前世の何世代にもわたって繰り返し行っていて、今世でもヒーリングをするために生まれてきており、更にはそれを発展させるように運命づけられているのだと思いました。

そして彼はこのエネルギーワークを、人の理解を超えたレベルにまで引き上げました。


彼が私にコンタクトしてきてくれたこと、そして慶氣がこのエネルギーワークを独自の新しいレベルのものに発展させてくれたことに感謝します。

彼が自身のヒーリングアカデミーで生徒の皆さんに教えていることを、この上なく嬉しく思います。彼は私の誇りです。

彼は、人々がこの物質世界だけの存在ではなく、多次元に存在するのだという認識をより深く浸透させていっています。彼は非常に多くの人々と関わり、魂や心を癒やしています。真の直感力の持ち主、真のヒーラーである慶氣と出会えたことをこの上なく光栄に思っています。

リオ　ロキシー（スピリチュアル・ヒーラー）
バンクーバー島　ブリティッシュコロンビア　カナダ
2021年3月6日

Recommendation

I first met Yoshiki 6 April 2011 in Victoria, BC, Canada after he contacted me for energy work.

I liked him and his energy. He was very open, kind, centered and knew what he wanted and he wanted to learn. I showed him how to do what I did and he got it and understood right away as he was able to feel the subtlest energies.
This was a very calming, pleasant experience.

Yoshiki was such a natural from the very beginning which makes me believe that he has done this many lifetimes before and was meant to do and evolve this work again. He has taken this work to new unexplainable levels. I'm very grateful that he contacted me and has made this work his own and taken it to new heights.

I'm overjoyed that he is teaching at his Academy and I'm very proud of him. He is raising peoples awareness of there being multidimensions and much more than this physical universe. He is making contact with thousands of people and healing their hearts and souls. I am extremely honored to know Yoshiki, a real intuitive and healer.

Rio Roxxi（Spiritual healer）
Vancouver Island, BC Canada
6 March 2021

読者の皆さま、ようこそ。
カナダのブリティッシュコロンビア
バンクーバー島在住の
リオ・ロキシーです。
Welcome ... This is Rio Roxxi on Vancouver Island,
British Columbia, Canada

Rio さん
世界中のヒーラーたちへ
メッセージ（日本語字幕付き）

自分の今やろうとしていることに対して
数年前の先生や先輩からの推薦を貰ってみる

「命」

44日目　生と死を感じるの巻

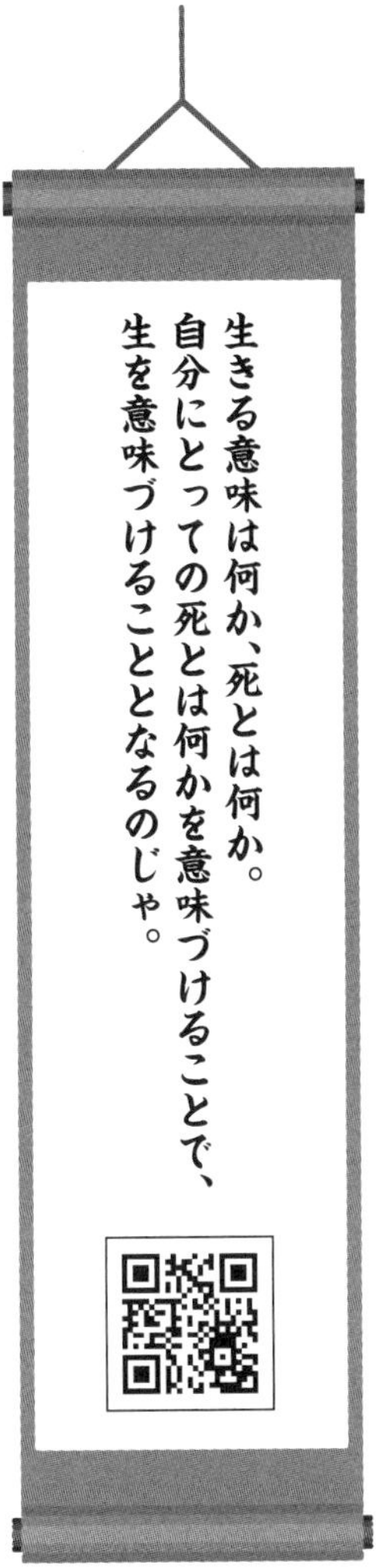
生きる意味は何か、死とは何か。
自分にとっての死とは何かを意味づけることで、
生を意味づけることとなるのじゃ。

自然回帰こそ魂の求めるヒーリング

今まで生老病死という恐怖を克服しようとしてきた私たち人類の歴史は、現代に至るまで、自然（宇宙）を超える（超越する）ということは出来ていません。

そして今も昔も、基本的に人にとって一番恐怖であり、同時に至福でもあることは、あいも変わらずに生まれることと死ぬことです。

そして、人類がその宿命的な恐怖を克服しようとする様々な努力の中で、私たちを取り巻く科学力や宗教観の数々は、多岐にわたり発展をしてきました。

人は死の恐怖をどのように受け入れていけば生きやすいのか、死後の世界はどのようになっているのか？　という問いに答える宗教やスピリチュアルと、宇宙の成り立ちを知ろうとしたり、生き物の生死を理解しコントロールしようという手段としての科学や医療は、元来同源なのです。

しかし、実のところ、それら人類の飽くなき進化や探究によって、自然の本質（生老病死を含めた私たちの本質的な部分）が大きく変わったかといえば、本質的には何も変わってはいません。

そしてこの先も、変えることは出来ない（必要性がない）ということが真実であるならば、地球の一生命体である私たち人類は、地球（自然）及び宇宙という、より完全たるものへと回帰をするしかないのです。

そしてそれこそ、人類の進むべき深い癒やし（ヒーリング）の道なのではないでしょうか。

人は様々な物事に答えを求める生き物であり、答えは人間の脆《もろ》さや無知さを智恵の光へと変容させ、混沌や破壊から守ってくれます。

しかし本当は、後付けしたものよりも、最初から私たち生命そのものが授かっている力が圧倒的に素晴らしいという真実があり、その真実を直視したときに見えてくる自然の力（フォース）の大きさや賢さを、私たち人類はまだ上手にコントロール出来ないので、同時に恐れてもいるのです。

そして、最初からあったものの素晴らしさを、否定したり無視することに、私たち人類は慣れてしまい、いつからかその価値の偉大さを見失ってしまったのです。

私たち人類は、自分たちの知恵や力で、より良い道を切り開いてきたからこそ、今があるのだと信じようとしていますが、真実はそうではありません。

それはほんの一部分だけの真実であって、生命の力（フォース）が、私たちをこの世界に生命体として存在せしめているという、圧倒的な真実がその背景にはあります。

私たち一人一人が感じる力を養っていくならば、きっとこのようなメッセージが、生命の存在の奥底から聞こえてくる筈です。

「私たち人類が、与えられた存在以上の何かに進化する為に存在しているのではなく、最初から究極のものを授かっているということを、理解して活かすのです」

私たちにとって、自分たちの存在が、最も身近な未知であり神秘なのです。
私たちは、自分たちの知恵や力を、上手に使うことを知る必要があるでしょう。

光（オーブ）の氣づき

成長という言葉の中で、忘れ去られているものごとの中に、本当の価値ある光（根源の智慧）が眠っているだろう。

自分を生かしているものや原点を探る

・日々、何に生かされていると感じている？

・自分は何から始まった？

・何に価値があると感じるのか？

「万」

45日目 work 万物に思いを馳せるの巻

修行その45

生きもの、自然、鉱物、天体なんでも良いので、好きなものを１つ選んでそれについて自分が感じたことや発見したことをレポートする。


新たな自分の可能性を発掘した時、今までの自分は何だったのだろうかと、虚無を感じることもあるだろう。

だが、それでいいのじゃ。

それが新しい創造への出発点となるのじゃ。

その時、脇役だった人生に終わりを告げ、主人公としての道を歩むこととなるだろう。

さあ、ありったけの思いを馳せてみるのじゃ。

変容のエネルギーボルテックス
アンドロメダ　横浜・関内サロン

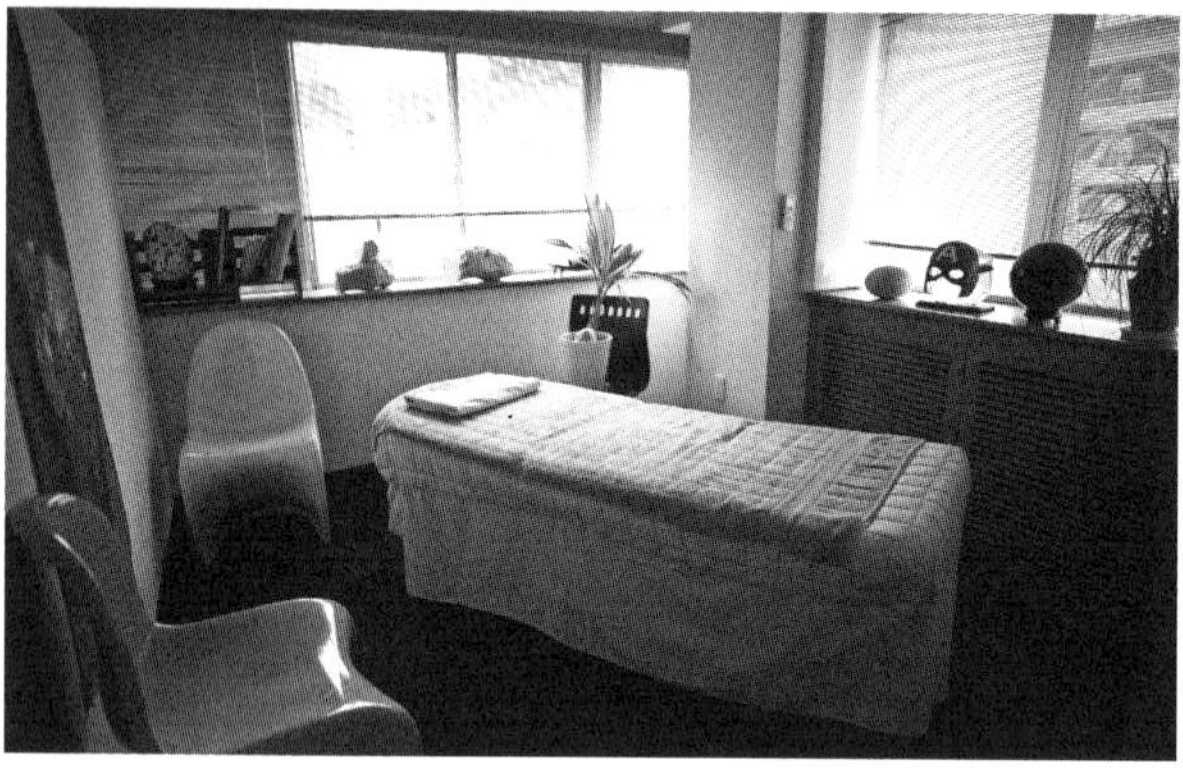

アンドロメダ　関内

横浜市中区相生町 2-31 相生中央ビル 6F
https://www.sirius-union.com

対面セッション・遠隔セッションのお問い合わせ

上級編

修行46日目〜50日目

「産」

46日目　現世のスタートライン（出産）を考えるの巻

【自宅出産経験者の声（上から長男・次男・長女・次女）】

私たち生命は、常に生まれる故に死ぬという宿命的な循環の中で生かされています。

そして、この人生において不可避な「生と死」という偉大な二つのイベントは、一見真逆のようにも見えることだけれど、実はとても似ていると思いませんか？

それは本来、目に見えない世界と見える世界は二つで一つという、大いなるレベルの現実（超現実）においては同じことだからです。
それらは即ち、始まりと終わりは似ている故に、私たちがこの地球にどのように生まれたのかは、この地球でどのように死ぬかに似ているという理解に繋がっていくのです。
ですから、この章のテーマの〝出産〟という、人生でのスタートラインにあたるイベントは、〝一生〟に大きな影響を与える超重要イベントという訳なのです。

それでは、その重要性をこれから一緒に考えてみましょう。

例えば、現代になり私たち人間の生命の循環は、病院で生まれて始まり、最後は病院で死んで終わることが一般的という時代の循環に世界は変わりました。この現象は極端に言うと、現在の私たちの生は自然とはかけ離れた環境から始まり、そして終わる人生になっているともいえます。それは結果的に、人類が地球の生物としては、あまりにもか弱い体質や過度にテクノロジーに依存する生物になっているということの問題でもあるのです。

本来自然の一部であるはずの人間ですが、生活をしていく中で必要になる薬の数や医療機器の値段は年々増していく一方です。それと反比例するように、この世界から病人が減っていくということは依然としてなく、むしろ反対に増えていっているという現実を、私たちはもっと深い洞察から再考する必要性があります。

結論から言えば、安心・安全という目先の常識に毒され、何に生かされているのかきちんと理解することなく、私たちは生きる力（生命力）を目減りさせるような生き方を良しとしてしまっているのです。

だからこそ私は今、生命の始まりである出産を、自分や家族みんなが普段暮らす家や、身近でアットホームな助産院などの氣の流れの中で、みんなに見守られながら、いつもと同じ空気の中で経験してもらいたいと思っています。

そして、私たちが生まれてくる前の段階の、スピリチュアルな世界の魂たちも、理想は自然の在り方に近い、自宅出産で生まれてきたいという魂たちは沢山いるだろうということを感じています。

それは元来、自然というものが、全ての源のもつ完全性のバランスを有しているからでしょう。

生まれてくる赤ちゃんは、多くの人たちに触れられることで生きる力を得ていくので、触れられることが少なかったり、触れられないままの赤ちゃんは弱くなり、最悪の場合死んでしまうこともあるのです。

それは、私たちも自然界の完全性を、自身の細胞の一つ一つに有していることの証でもあります（私たちは個で完結しない存在）。そして、生命エネルギーという、この目に見えない財産がしっかりとあってこそ、自然分娩や助産院出産、自宅出産は可能になるのです。

そして、やがては私たちが死にゆく場所もまた、その人が生きた場所や家族がいつでも温かく見届けられるような場所が本来であれば最良であると考えます。

無論、自分が病になったからと言っても延命措置は必要がない。それが自然に逆らうことなら苦しみが増すだけだと思うのです。

つまり私の考えでは、生まれてくる場所も死に場所も、特別な場所ではなく不自然なことはなるべくせず、思い出深い自宅や家族とともに、生まれ、息を引き取ることが最も良いだろうと考えています。

とはいえ、必死に生きようとすることは生命としての本能ですから、その為に今日に至るまで科学技術が進歩をしてきたということや、それを必要としている人たちにすすめるつもりはありません。この話は、どのようなことが一番本来の在り方に近いのかという、一つの尺度として参考にしていただければ良いなと思います。

自然に生まれ自然に死んでいく、そんな基本的なこともままならないような私たち人類は、これから更に高度な技術を進化させていくことよりも、生命の原点や生命の力に立ち返り、学ぶことが沢山あるだろうと感じるのです。

実例紹介

今まで、ヒーリングで関わらせて頂いた妊婦さんのお腹の中の赤ちゃんが逆子であった時が多々ありましたが、何故か出産する前には、私が関わらせていただく中で、逆子が正常な位置に戻ることが殆どです。

中には予定日の三週間前になって、ようやくひっくり返ったという子もいました。

内面が記憶している自然の状態を思い起こすことによって、私たちはその時その時の最良の状態を引き出すことが出来るのです。

誰かの出産を何らかの形でサポートする（ヒーリング以外でも良い）

《レポート》どのようなサポートをしましたか？

そして、そのことを通じて何を感じましたか？

そのことで、自分自身も癒やされることに繋がりましたか？
どのように癒やされたのかを書く

「悪」47日目　悪いことも安易に起きなければ良いということでもないの巻

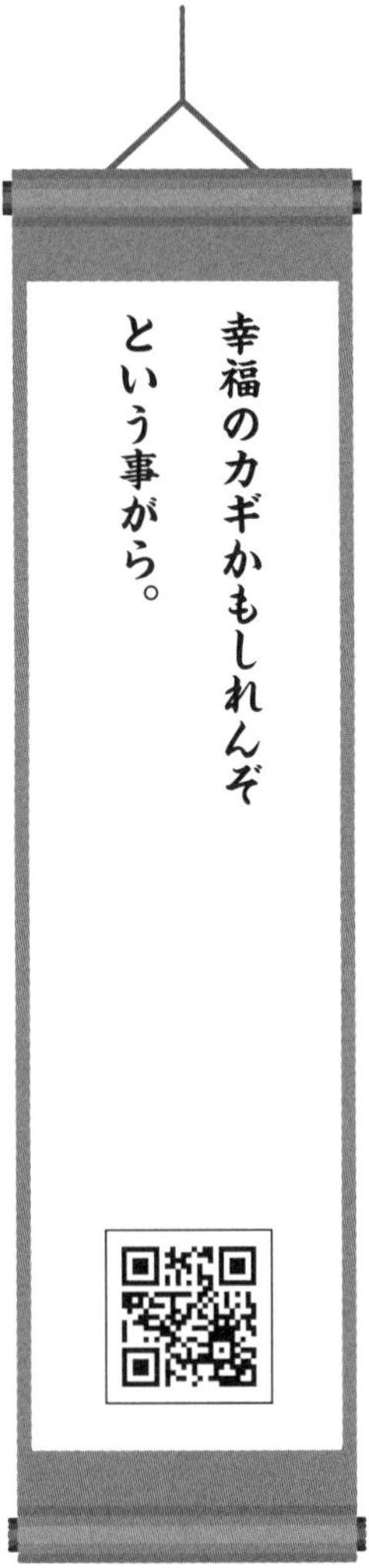

私も始めは単純に、目先の悪いことは起きない方が良くて、良いことだけが出来るだけ沢山起きた方が良いと思っていました。

しかし、10年程前からスピリチュアルなヒーラーになり、様々な人たちの人生や自然の法則に触れれば触れるほどに、一般的に悪いと思うようなことを安易に排除するだけで内省しないということは、決して賢いことではないと思うようにもなっていきました（例えば、除菌・滅菌・延命・人工的な安心・安全の幻想の数々）。

何故なら、私たちの良い悪いという判断は往々にして、その場で起こっている上部《うわべ》の現象のみを見て行う判断だからです。つまり人や時代により異なるその場しのぎの良し悪しよりも、根本的な原理に氣がつく（自然の理《ことわり》を知る）ことが様々なものごとを決定する上で大切なのだなと感じるようになったのです。

そして、この世界を支えている自然の法則は、プラスマイナスでゼロになるからこそ永続可能になっているのだとも、よりリアルに感じるようになりました。

すると、目の前のマイナスはただなくせば良いということではなく、プラスに転換する為の材料として理解していくことの重要性が見えてきます（菌や病気などから守ってくれるのも、また私たちの持つ菌や氣である）。

今になり振り返ってみると、一般的には一見悪いとされるようなことも、俯瞰してみた人生の中で、その時には理解することができなくとも、良いことに繋がるために必要だったということも沢山ありました。

これらは一生を俯瞰してとらえている、私たちにまつわる高次元の作用によるものなのです。

実例紹介

【マイナス】私は人が苦手な性格なのに、何故か絶対に人と関わらなくてはならなくなる接客業（美容師）の職に10年以上就いてしまう。

↓

【プラス】苦手だった人と接することに対しての経験や洞察力が後に、ヒーラーになってからの目に見えない世界のことを人に説明するという、更に難しいことを可能にすることになりました（氣が付けば、あの世の事とこの世の事のバランスが取れるようになっていた）。

光（オーブ）の氣づき

私たちは、こんなに沢山のものに囲まれているのに、何故いつも怖れているのでしょう。

それは、大切なことをなくしてしまっていることに氣がついていないからです。

修行その47

今まで、一見悪いと思うことも長い目で見た時には良いことだった、という経験をレポートする。

・一見、〇〇〇だった

↓

・しかし、あとで〇〇〇になることが出来た

・それらは高次元の判断だったのではないだろうかと思うことを書く

「名」

48日目　名前の力を知るの巻

己の名前。
その数、形、音には力がある。

この世界には様々な名詞が存在していますが、その中でも、最も私たちが個人的に一生を通して耳にする言葉や意識をすることが多いものの一つが、自分自身の名前でしょう。

例えば「おはよう」は毎日使うけれど、多くは朝だけです。「有難う」はなるべく沢山使いたい言葉ですが、人間ですから、機械のようにいつも同じ意識で同じ言葉を投げかけることは容易ではないので、やはり特定のシチュエーションにおいて使用する言葉です。

しかし、私たちの名前というものは、生まれた時から死ぬ時まで、どんな状況においても私たちについて回る言霊×音霊なのです。

自分が眠っている時や、全く意識をしていない時ですら、その名詞を使って自分以外の誰かが話をしていたり、考え事をしていたりしているかもしれないのです。

私は、どんな画数や音が良いかという姓名判断的な名付けに関して、専門家の立場ではないので、ここに書かせて頂くことは、別の角度からのアプローチとして、生まれてくる赤ちゃんの意識に合わせて、名前を徐々に選考していくというやり方を紹介します（対話・チャネリング方式）。

その上で先ず、名付けの一般的な在り方のおさらいですが、親や先祖の文字を一部継承したり、親の好む文字や希望を基に、字画なども踏まえた上で名前を決定していくことが多いと思います。

それも一つの優れた決め方かと思いますが、魂の視点から見た時には、これから生まれてくる存在の繊細な個性を、親側が感じ取ることで、文字を当てはめていくというやり方（対話・チャネリング方式）がおすすめです。

何故なら、生まれてくる赤ちゃんの魂の個性を、親が感じることで名前を決めると、物質界と非物質界のギャップを、名付けにおいて少なくすることが出来るので、その人の人生の流れを魂が導いていきやすいということがあるからです。

とはいえ、無限にある文字の組み合わせの中から、いきなりしっくりとくる名前を導き出すことはなかなか困難ですので、先ず体内の赤ちゃんを感じようとすることから胎児の波長に合わせて、いくつか自分なりのイメージでの候補を挙げた後に、日数を重ねながら、AとBならどちらがフィットするかな？　といった形で直感的なコミュニケーションをしながら、何度も選考&選抜を繰り返していくことをおすすめします（二択三択を何度も繰り返すことで、最終的に一番フィットする名前に辿り着くことが出来る）。

このように、名前をどこから発想をしてどのように決定していくのかということが、各々の魂にとってのその後の人生のフィット感と関係してきますので、字画・字面《づら》プラスアルファのインスピレーションや意識レベルでの対話も念頭に置いて命名をしてみては如何《いかが》でしょうか

実例紹介①

例えば、私の家庭に初めて生まれてきてくれた長男（陽丸《ひまる》）君は、胎児の時に既にとても明るいエナジーを感じさせてくれたので、それを基に、元来太陽のように周りを明るくしてくれる魂だなということで、最終的に陰陽の〝陽〟と日の丸の〝丸〟を貰って〝陽丸（ひまる）〟と命名をしました。ひまるくんは現在小学生ですが案の定、太陽のように明るく活発な子どもになってくれています（間違ってもこの子に静司や月丸というような、本人の性質と合わない名前は付けなくて良かったということです）。

※音霊としての側面では、ヒマルという響きには、ヒマラヤ山脈（現地語でヒマール）という意味もあり、同時に私のスピリチュアル好きな側面もちゃっかり投影されています。

つまりここで伝えたいことは、親のエゴ（自我）＝悪という訳ではなくて、子どもの魂の個性と親や先祖の個性は必ずしもイコールではないので、お互いの好みを知ろうとする意識や、子と親の個性の間を取るようなバランス感覚が、字画などと同等かそれ以上に大切ですということです。

※直感＋字画の両方向のバランスで決めると尚のこと良いでしょう。

（ペンネームや改名にも使えます）。

人の個性は十人十色である以上、これが絶対に正解の名前であるということはないので、決める側もリラックスをして楽しみながら、その感性を感じていくことがポイントで、**将来子どもたちが大きくなった時に、後で私はこういう理由で自分なりにあなたの名前を決めたのだよ、と胸を張って説明することが出来れば理想的です。**

光（オーブ）の氣づき

私たちは大いなる一つのものから、ばらばらに生まれています。
その意味は、お互い別々の個性を持ち、その個性を輝かせることで、お互いが補い合い完璧になるということなのです。

実例紹介②

次に生まれてきてくれた次男（頼斗《らいと》）君は、胎児の頃に、人の想いを汲むことの出来る優しい魂だなと感じたので、汲《く》むという意味がある〝斗《と》（ひしゃくのこと。※北斗七星とはひしゃくに見える七つの星のこと）〟の字と相性が良さそうな、頼るや頼られるを意味する〝頼《らい》〟を合わせて〝頼斗（らいと）〟にしました。音霊としてはライトで光という意味もあります。

実際に生まれてきてからの個性はどうかというと、やはり人の想いを素直に汲んでくれるような優しいところがあります。

人の想いを汲むということは長所でもありますが、自分の想いを後回しにし過ぎてしまうと知らず知らずのうちにストレスを溜めてしまうので注意も必要です。

大人になるにつれて、頼ること（誰かに助けてもらうこと）と頼られること（誰かの助けになること）のバランスを取りながらエネルギーを上手く循環させていくことで、自身が豊かだと感じることの出来る人生を歩いていけると確信しています。

修行 その48

先ずは、ものからでも良いので、その個性を感じて名前をつけてみる練習をする

〈例〉鳥のような形の石
↓
命名　ウグイス石

・もの

・ものの個性を見る

・命名の理由
（ミスマッチを感じるか、ピッタリ氣持ちの良い感じがするか）

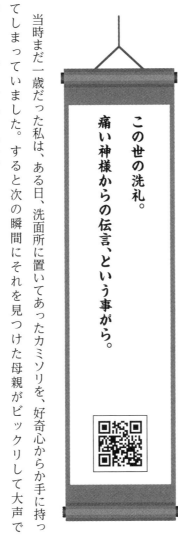

「完」

49日目　この世の洗礼～トラウマすらも完璧だった～の巻

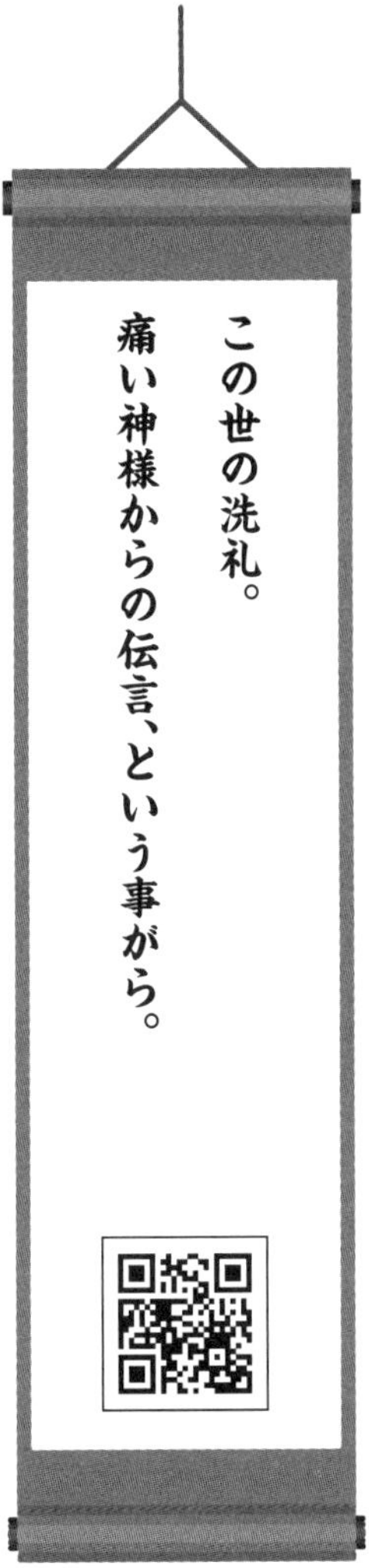

当時まだ一歳だった私は、ある日、洗面所に置いてあったカミソリを、好奇心からか手に持ってしまっていました。すると次の瞬間にそれを見つけた母親がビックリして大声で「ギャー!!」と叫んだのです。

突然の母親の大声にびっくりした一歳の私は、カミソリを持っていた自分の手を、急激に握りしめてしまいました。次の瞬間、柔らかく持っていたからこそ切れていなかった私の手から大量の血が噴き出し、流血した私は即座に救急車で搬送されたそうです（その後のことはあまり覚えていません）。

このようにして現世のトラウマは創られていきます。

そして時が経ち今私が思うことは、この世には、危険なものや怖いものによるトラウマの経験が多数あることや、幼少期に経験した大きな恐怖という感覚は、如何《いか》に根強く私たちの一生を支配してしまうのかということです（その時は母親も一瞬にして恐怖というものに支配されてしまっただけで、もちろん悪気などある訳がありませんが）。

その後私は大人になり、最初の仕事は祖母と同じ理容師の道へと進むのですが、その頃はいくら練習をしてもカミソリの使い方は上達せずに、度々ミスを繰り返しては恐怖で身体が震えていたことを覚えています。

今になり、何故あのような恐怖の出来事が、幼少期の私の人生に起きたのだろう？　と過去を振り返って考えることがありますが、やはり私は理容師として生きていく為にこの世に生まれたのではなかったのだという結論に行きつくのです（人生には天命といって、生まれてくる前の段階で決めてきたとしか思えないような運命があります）。

そしてカミソリは、名前の通り、カミをソルと書いてカミソリですから、そのままであれば生まれてきた目的を果たすことが出来ないであろう私を、(私はカミ〝神〟からそれていた)宇宙が前もって荒療治してしまったのかもしれません。

そんな私のカミソリ体験にかかわらず、人は恐怖や危険によってすら、本来の自分や神(自然・宇宙)に向かう為の軌道修正をするのでしょう。

そして、当時の無知な私だったからこそ、カミソリの刃を優しく握っていた時には、まだ怪我をしていなかったということも、この世界を生きる上での様々な教訓が含まれています。

そして、私のこの一歳の時の恐怖体験が基となり、現在の私の行っているエネルギーヒーリングによって「病にある人たちも、自らの身体に刃物を入れる恐怖を体験せずとも回復できる可能性を広げる」という能力に繋がっているのだと、ある時、別の世界の存在から教えてもらいました。

どうやら、私の幼少期の恐怖体験は、身体に刃物を入れたくない人々の苦しみや恐怖を理解する上で、現在とても役に立っているというのです。

それを知って私は、幼少期から現在の様々な出来事にはちゃんと意味があること、そして、様々な苦しみや悲しみは、やがて他者の苦しみや悲しみを癒やす力へと繋がっているのだという、大いなる世界の計画があることに、驚きと感動を禁じ得ないのです。

私たちの身体は、幸せも恐怖も、その意味が果たされるまで覚えているのです。

光（オーブ）の氣づき

闇があるからこそ、そこに在る光に氣がつくことができる。
ありふれた白い紙も、黒の色でその空白を浮かび上がらせて初めて、白いということの意味を深めることができるのです。

過去のトラウマを現在の喜びへと昇華する

・自分が嫌だったこと

・自分の嫌だったことが他の人の嫌なことを減らすことの助けになるにはどうしたら良いのか書く

・その結果、何が解ってきたことを自由に書く

エンディング

「実践!SIRIUSヒーリング
魂のエネルギーワーカー養成道場」の
修業を満了した皆様、お疲れ様でした!

シリウス慶氣のスピリチュアルヒーリング道場、
いかがじゃったかな?

わしもかつてはこの道を通った。
お主もまた今日、この道を通り抜けようとしている。
わしらは、時空を超えてひとつ。同源の存在なのじゃ。

様々な経験、知識、技術、力、これらを持ち合わせてなお
この世界を理解するには我々はあまりにも小さい。
それゆえに、求め続けるのじゃ。
その先で待ち受ける何かが、わしらを今もこうして駆り出しておる。
わしもまだ六合目まで達したか達していないか。
わしもまた、そなたと同じ冒険者なのじゃ。

それでは、ハピタブルゾーン(生存可能圏)の荒野でお主を待つ。
運がよければまた、出会えるであろう。
この度は、お主に出会えたことを誠に感謝致す。
また会おう!

「光」50日目　世界中で現れている光の玉（オーブ）の巻

オーブはこちら側とあちら側の世界を結ぶジェスチャーのようなもの異なる周波数、異なる次元のコミュニケーション手段として用いられているのでしょう。

この本に登場している様々な光の玉（オーブ・Ｏｒｂｓ）に関してカルフォルニアのオーブの研究者の方からメッセージを頂きました。

クラウス・ハイネマンさん（物理学博士）は昔、宇宙開発の素材研究にも従事していたという方で、アイルランドの神学博士の先生との共著などオーブに関する本を世界各国で出版されている先駆者です。そして、奥様のグンディ・ハイネマンさんはヒーラーであり代替療法の指導者として長年ご活躍をされています。

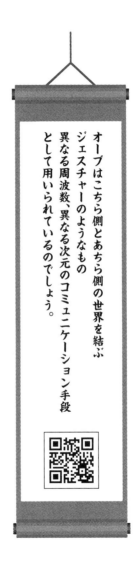

左にこの本についているQRコードのリンクをご夫妻にご覧になって頂き、掲載許可を得てメッセージをご紹介致します。

Thank you for your message. You bring to our attention a nice example of orb-evidence that many helping entities from the other side of the veil are around us all the time.

This underlines the importance of spiritual healing, as demonstrated in the youtube video. The orbs demonstrate that healing from the other side of the veil can be activated in sessions like Reiki or other forms of healing touch. It is not the practitioner who does the healing — he is only a conduit for the spiritual entities to do this work.

Your compassion, your humble, selfless well-being wishes for the patient can incite miracles!

Klaus Heinemann, Ph.D.
Gundi Heinemann
www.healingguidance.net

〈日本語訳〉

メッセージありがとうございました。
送って頂いた動画は、オーブの存在を見せてくれるものとして私たちも関心を寄せるものでした。
ベールの向こうの見えない世界から、沢山サポートしてくれている存在が常に私たちの周りにいるのだということを見せてくれる良い事例ですね。

あなたがYouTubeで表現してくださっているように、このことがスピリチュアルヒーリングがいかに大切なものか、ということを強調してくれています。
レイキや、その他のヒーリングセッションの場で、ベールの向こうのあちらの世界からのヒーリングが始動するのですね。
ヒーリングをするのは、ヒーラーではありません。ヒーラーは、スピリットたちがヒーリングを起こす媒介でしかないからです。

あなたの熱意と、受け手の健康や幸福に対して謙虚かつ私心のない願いが奇跡を起こすのです！

クラウス・ハイネマン博士
グンディ・ハイネマン

☆ヒーリング動画公開と光の玉（オーブ）の撮影に至るまでについての物語

２０２１年の春からこの本で私（シリウス慶氣）の実際にヒーリングをしている動画も撮影をして紹介しよう！ と思い、シリウスサロンにヒーリングにいらっしゃる方々の希望を聞いた上で現場での撮影をさせて頂きました。

すると、どうしたことでしょう。スマートフォン越しには無数の光の玉（オーブ）が飛び交っているではないですか。

あとは論より証拠ということで、」即行動！ YouTube「シリウスの伝説　ヒーリング」や「今日のシリウス　オーブ」で検索するか、この本に挿入されているQRコード（２７２ページ）から閲覧できるようにしました。

そして、私自身もオーブについて調べてみたり、実際の体験から感ずるところで以下の要点をまとめました。

○光の玉（オーブ）は自然現象であり、その自然現象を通じて意図的に動いているものは魂の現れだということ

○自然の中で映る光の玉（オーブ）は自然霊（自然のエナジー）の現れで変速的な動きをすることがないということ
○教会や会議場、ヒーリング中などに室内で映る光の玉（オーブ）に関してはまるで意思を持っているかのように意識的に動くものがある。つまり肉体は持たないが高度に進化した意思や意識を持っていると考えられること
○ヒーリング時に映り込む光の玉（オーブ）は例えばハートのヒーリング→緑の光の玉として現れるなど、こちら側の事情と互換性を持って現れている
○光の玉（オーブ）は映像に現れることで、異なる次元の世界があることを示している
○ヒーリング時に映り込んだ光の玉（オーブ）を見ていると自然とあちら側の世界が伝えたいこと（チャネリングメッセージ）を受け取りやすいようである
○他にもエジプトの神殿やピラミッド、ブラジルのヒーリングサンクチュアリーなどで同じ現象が確認されている

ヒーリングサロン・葉山シリウスもしくは関内アンドロメダでは対面のヒーリングセッションもしくは遠隔ヒーリングセッション時にヒーリングと一緒に光の玉（オーブ）の撮影を、希望される方々に対してオプションとして行っています（ご希望の方は事前の申し込み時に撮影

希望の旨をお伝えください)。

セッション時の撮影をしてくれるのは光の玉(オーブ)撮影の名人でこの本の制作作業も全面的に担ってくれました、ヒーリング画家・ヘナアーティスト・グラフィックデザイナーのyukieさんです。

この本のリンクにあるヒーリングオーブの数々は彼女に撮影して頂いたものであり、それらは他のオーブ映像に比べて格段に鮮明に映り込んでいます。

そして、そのオーブの動きや色彩などは、ヒーリングをしているヒーラー(シリウス慶氣)の手やヒーリングの進行と連動した表現として変化をして現れます。

Yukie(守護デザインアーティスト)　プロフィール

グラフィック &WEB デザイナーとしての活動の他、ヘナアーティストとして、ヒーリングとボディアートを融合した独自の世界を追求。

2013 年に鎌倉のイベントでシリウス慶氣に見出されて以来、シリウスサロンのWeb デザイン等を手掛けるようになる。本書の編集・デザインも担当。

また、魂の光を形にするシンボルマークと開運名刺の制作も行っており、デザインとエネルギーの両軸から、開運のバックアップを行っている。

2019 年より、鉱石や金箔、麻炭など、主に天然素材を使用した一点物のスピリチュアルアートを制作。祝福とインスピレーションにより具現化した作品には目に見えない力が宿っていると、シャーマンやヒーラーの方達からの注文が相次いでいる。

2021 年 2 月、たまたま撮影した動画に数多くのオーブが写り込んでいる事が判明、以来ヒーリングオーブ動画の撮影も続けている。

HP : Blesstola　https://www.blesstola.com

修行 その50

自分でオーブを撮影してみよう

※撮影時にはスマートフォンのフラッシュをONにすること

オーブの撮影を通じてあなたが感じた（受け取った）メッセージはどんなでしたか？

例・この本の執筆中に撮影したときは本棚の周りにだけ沢山のオーブが映っていた

↓

意味：今は本に集中すると良いということ

シリウスの伝説チャンネル

実録ヒーリング動画随時更新中!
（ヒーリングお申し込みはHPより）

ハートの復活へ

大いなる計画を知る

思い込みの書き換え

福の神の力

家族の為の代理ヒーリング

創造力を高める

人生の尊さ

可能性を広げる

先祖からのメッセージ

肩が上がるようになった

足の痛みが消えた

術後のヒーリング

宙

神

霊

黒帯編

魔

仁

知らず知らずのうちに
パワーアップしていた私
…それ、凄いことだよ
免許皆伝だね！
私、ヒーリングを
起こしているかも
しれません

仁徳の章

人生の転機は身近な所に！ の巻

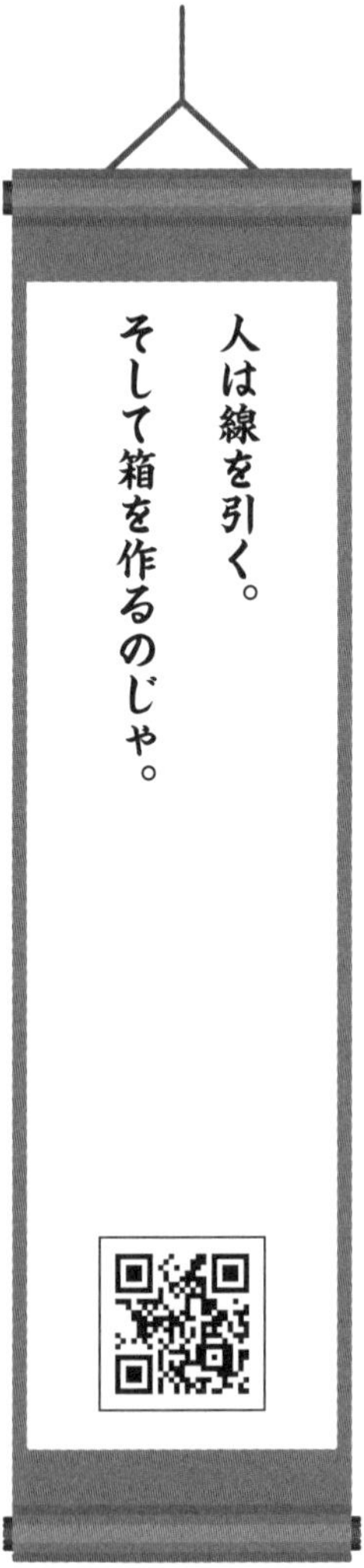

これは私がまだスピリチュアル・ヒーラーになる前のエピソードです。

当時、私は立ち食い蕎麦屋のアルバイトをする傍ら、様々なことを経験したくていろいろな場所に足を運んでいました。そんな日々の中で通っていた場所の一つが、埼玉県にあるキリスト教の教会でした。

そこで私は予約をして、週に一度くらいフランス人の神父さんから聖書の勉強をしていたのですが、ある日、私の脳裏にある不思議な質問が浮かびました。

それは「私は今、随分と立派な教会で、尊い聖書の勉強をさせてもらっているが、もしこの教会にホームレスの方が訪ねてきて『ここに泊めてもらえないだろうか？』と言ってきたとしたら、神父さんはなんて言うのだろうか？」という質問でした。

そして、私は素直にその質問を神父さんに投げかけたのです。

すると、神父さんは「私はその人を泊めることが出来ないだろう」と素直に答えてくれました。

当時の私は何故か、その言葉を聞いた途端に、聖書を勉強する氣がなくなり、聖書の勉強に向けられていた興味はそのまま、自分が神父さんに投げかけた問いに現れた、ホームレスの方たちに対する興味に入れ替わっていったのでした。

その教会には広い土地があり、その中には誰も住んでいない大きな二階建ての建物と、やはり大きな聖堂があります。

しかし何故、一晩の宿を求める困窮者が利用できないのか、私はそのメカニズムが知りたくて知りたくてたまらなくなってしまったのです。

真実の鏡

自分を見つめること、
それはあなたとあなたの内なる神との対話の始まり
曇りなき眼でこの鏡を眺めた時
そこに映るあなたには何が映っているでしょう。

ホームレスに会いに行くの巻

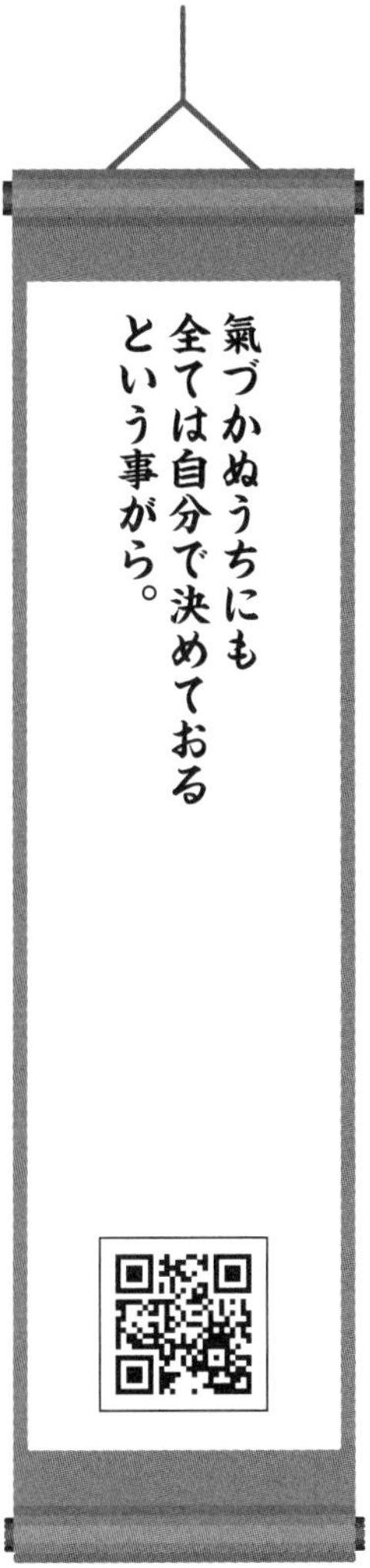
氣づかぬうちにも
全ては自分で決めておる
という事がら。

その後、教会に行かなくなってしまった私は、しばらくして新宿駅の地下に集まるホームレスの人たちの溜まり場に通い始めます。

そこでも、不思議なことに教会と同じく、ホームレスである彼らも、いきなりやってくる私をすんなりと受け入れて、ダンボールの輪の中に入れてくれました（理由はバッグが一杯になるほどの菓子パンやおにぎりなどのお土産を買い込んでいたからかもしれません）。

私はそこで、ホームレスの人たちの様々な人生の話や失敗談を教わりました。

それは、ホームレスの世界にも、一般社会と同じような縄張りやグループがあること、ホームレスの人たちの中でも「あの人は◯◯だからいけない」「あの人は◯◯だから仲間だ」「昔は俺も◯◯でさ……」など貴重なお話の数々でした。

しかし、そんな日々がしばらくすると、「ここの人たちはもう今の生活に順応しているから、ここから抜けていきたいと思っている人は案外いない」という、脳裏に教会の時と同じようなインスピレーションで氣づきがありました。

丁度その日は12月のクリスマスイブの夜です。新宿駅の地下のホームレスの人たちは、今日はここで暮らすみんなに教会の人たちからの差し入れがあるのだと喜んでいました（教会は教会のやれることをやっていたのです）。

たとえホームレスだとしても、彼らには彼らの居場所がある。私と同じく、彼らには彼らの幸せや不幸せがあるのだと知りました。

すると、また私のホームレスの人たちに対しての興味も薄れて、自分の人生のことを考え始めます。

私はこれからどこへ向かえば良いのでしょうか。ここにも私の居場所はありませんでした。

その答えは何も解らないまま、私は新宿駅を後にしました。

家にホームレスの友人を泊める〜人の癒やしが自らの癒やしに繋がる〜の巻

新宿駅のホームレスの人たちのところから足が遠のいてしばらくした頃です。

私が立ち食い蕎麦屋のアルバイトに向かう道すがら、雑誌（ビッグイシュー）を路上販売しているホームレスの秋二さん（仮名）という方に出会いました。

そして、何度か立ち話をしたりしているうちに、何と秋二さんは、私の働いている立ち食い蕎麦屋さんにお客さんとして来てくれたのです（もちろんちゃんとお金を払って）。

その秋二さんが、私のアルバイト先だった立ち食い蕎麦屋に来てくれた最初の知り合いでした（教会でも沢山の人たちが日々行き交っていましたが、お互い興味を持って縁が繋がれることは稀なことでした）。

その後しばらくして、たまたま同級生が蕎麦屋に来たのですが、どこかよそよそしく「あちゃーよしき君こんなとこで働いているよ」みたいな雰囲気すらあったことを覚えています（人の心は時として、それが言葉にせずとも理解出来るものにとっては残酷なもの）。

そんなこともあって、私は秋二さんに対しての好感を余計に感じて、美味しいご飯をご馳走したり、家に招いて泊まってもらったりしたこともあったのです。

すると、それからしばらくして、秋二さんに奇跡的な出来事が起きました。

ホームレスであった秋二さんが、無限堂というインド雑貨屋や飲食店を経営している女性社長から路上でスカウトをされたというのです。

知り合いも殆どいない（住所もなければ携帯電話ももっていない）秋二さんは、次の日私に会った途端に、すぐさまそのことの相談をしてくれました。

今考えれば、この秋二さんが私のヒーリングとカウンセリングの最初のお客さんだったのかもしれません。

秋二さんは第一声で、社長にスカウトされたことは嬉しいけれど、それでも自信がないからと言い、断ろうと思っていると話してきたので、私は「その話を断るのは有り得ないでしょう」「そんなチャンスは二度とないですよ」などと言って、秋二さんを何とか説得をしたことを今でも懐かしく覚えています。

その後、秋二さんは心を決めて、新しい会社から住むところや衣服など生活に必要なものが一通り与えられて、漸《ようや》く新生活がスタートしました。

これは完全に宇宙の采配だと思うのですが、それから少しして私は、仕事でカナダに行くという話と出会い、即座に実現することになります。

私も秋二さんと出会った後に、立ち食い蕎麦屋のアルバイトから、今度は程なくカナダの美容院のマネージャーになったのだから、人生の転機は不思議なものです。

そのことにより私は、今日の出会いが明日の私たちの未来を変えることに繋がっていることを学びました。

最強のサバイバー　野人先生の巻

約20年前に私がまだ新宿の歌舞伎町にあったヘアサロンで働いていた時に、都会には本当に沢山のホームレスとして生活をしている人たちがいることを、初めて目の当たりにしました。そして、あまた存在するホームレスの人々の中でも、当時一際異彩を放っている一人の存在がいたのです。

その方の服は、他のホームレスの方々と比べものにならない位汚れきっています。

その方は既に言葉も忘れていました。奇妙な言葉を放ちながら街を徘徊して、ゴミの中から何らかの食べ物をあさり食することで生きています。

私は彼とその他大勢のホームレスの人々を区別する為に、彼のことを野人、まだ話の出来る人たちをホームレスと呼ぶことにしました。

ホームレスの方たちは、文字通り家がないというだけで、それ以外の部分は割と一般的な人たちです。一方、野人の方には、家という概念すら既にありません。野人には概念がないので、そもそも失ったという概念すら成立しないのです。

つまり文字通り野で生きる人なのです。

この方には、経済崩壊も新種のウイルスなどの恐怖も全く意味をなしません。彼の日常の過酷さに比べれば、そんなことは取るに足りないお遊びです。

そう、彼（野人）は免疫や生き残りの観点から見れば、最強のサバイバル能力を秘めた王者だったのです。

ですから、他のホームレスの方々と接する時に当時の私が感じていたことは、寒いだろうな、いろいろと好きなことが出来なくて可哀想だななどの思いだったのですが、この方（野人）に関しては、何故かそのような感慨が全く湧いてこないのです。

それ程までに、ある一つの道の頂点に立つ人間離れしたエナジー（生きる力）を、野人の方から感じました。

野人はとても強靭な身体を持っているのか、真冬でも何故か寒そうではないのです。そして、ゴミが食料に該当するならば、街中に食べきれない程の資源があります。彼はたまに絵を描いて遊んでいるのですが、その絵がかなり上手いことから、この方は昔は絵描きだったのではないかとも言われています。

そして、野人は誰にも媚《こ》びません。生きる上でそんな必要性がないからです。

むしろ周りの人たちが野人に気を使って（気をつけて）暮らしています。

そんな野人は私の中で、何かを突き抜けた類《たぐ》い稀な存在であり、彼は今の私たち人間が失った強さや生きる力を沢山持っています。

そしてそれは、私たち生命にとって最も重要なものの一つではないでしょうか。

彼は他人に何を言われようと、厳しい環境下にあろうと、適応し生きていけるのです。

だからこそ、スピリチュアル・ヒーラーの私から見た彼は、最強の免疫力を有する超一流のサバイバーなのです。

人間の進化の方向性は一方向では決してなく、多種多様な可能性を秘めているからこそ、めちゃくちゃ面白いのです。

依代の勾玉

勾玉は玉という完全なバランスの姿のものが
変化をして、陰（見えない世界）と
陽（肉体を持つ私たちの世界）に分かれていく
中間の動きの姿なのです。

私たちがこの世界にいること自体が（陽）プラスで、
そのプラスは見えざる（陰）マイナスによって支えられている。
（陰）マイナスの世界の守護を得て、
この世（陽）の世界を生きていこう。

霊界の章

肉体（DNA）は先祖がしてきたことを覚えているの巻

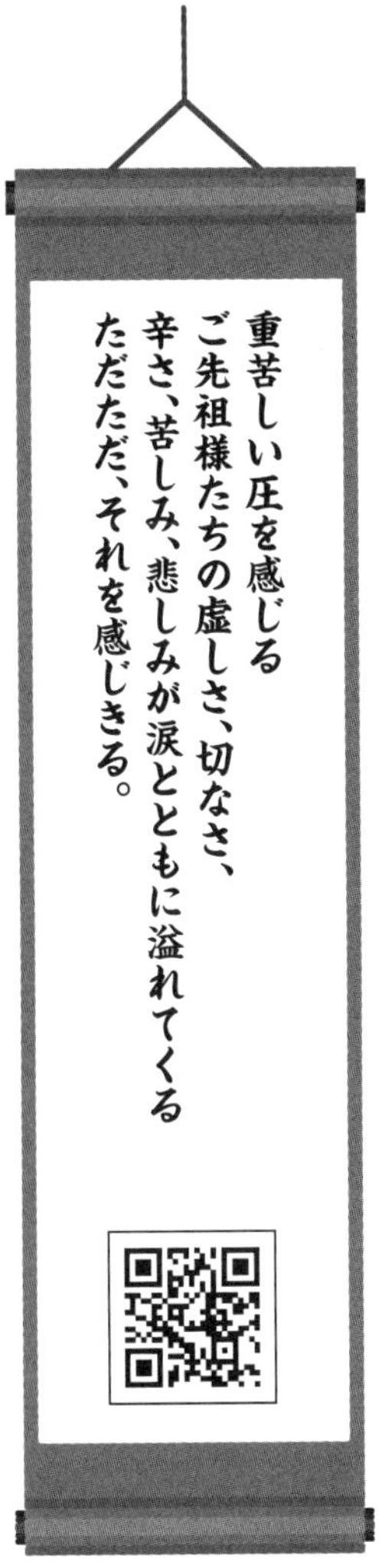
重苦しい圧を感じる
ご先祖様たちの虚しさ、切なさ、
辛さ、苦しみ、悲しみが涙とともに溢れてくる
ただただ、それを感じきる。

私たちの魂はこの世に生を受けて肉体という器に宿り、肉体と共に成長していきます。

そしてその肉体は、この世界の物質的な外側の容姿や性質だけを継承する訳ではありません。

自分の先祖たちが肉体を持っていた時（もしくは現在持っている時）に感じた心の記憶や、どんなことを考えていたのか、信じていたのかなどの記憶（個性）という非物質的な情報も、先祖たちの肉体を構成している素粒子レベルから肉体に取り込まれて、細胞や骨に記憶されています。

その記憶が、この地球に新しく生まれてきた私たちの生命に継承され現実化するような仕組みになっているのです。

そのようなことが解ってくると、日々の私たちの精神活動や食べたものや飲んだものの履歴や手術歴・投薬歴などは、私たちの一世代で完結できるものではなく、子々孫々と、新しくこの世界に生まれてくる縁ある命に転生をしていくことを繰り返し、良いものも悪いものも継承されているという奥ゆきが見えてくるのです。

実例としては、生前に病気を患い、抗がん剤使用を続けたまま亡くなったという方のご子息が体調不良になった際にヒーリングをしたのですが、全く抗がん剤を使用したことのないご子息の髪の毛がポロポロと抜け始め、体調も一時的にとても苦しい状態になったということがありました。

どうやら、この世界や人生は、私たちが知っているよりも遥かに完璧に出来ているようです。

私たちの生命は、死んだら終わりということではなく、多くの場合、死者の魂は、肉体を脱ぎ捨て苦しみから解放されていきますが、その脱ぎ捨てた苦しみは、それで帳消しになる程、どうやら現実は甘くないようです。

良くも悪くも、子孫や縁の深い友人などの存在を通して、故人の過去は受け継がれ、本来の自然な状態まで、傷つけた身体や心を元に戻す（癒やす）ことをして、＋と－を合わせて0になるまで、本当の終わりではないのです。

もし、私たち人類がこのことをもっと理解していたならば、現在の生き方や病や自分自身に対する接し方も、より良いものへと変わることが出来るでしょう。

予言現象の巻　〜ラスベガス銃乱射事件の前に謎の電話を受けた〜

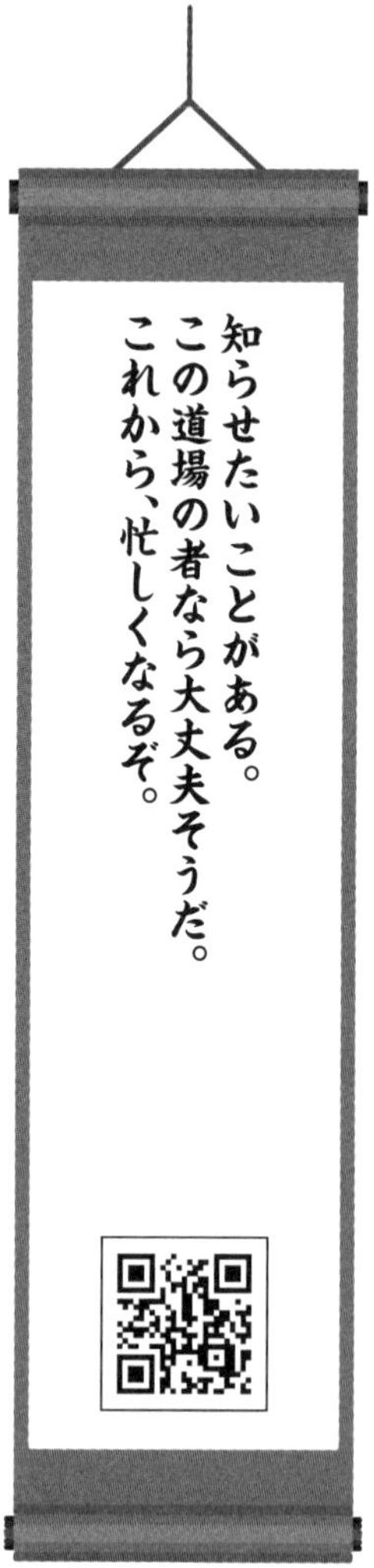
知らせたいことがある。
この道場の者なら大丈夫そうだ。
これから、忙しくなるぞ。

２０１７年の10月1日に、アメリカのネバダ州ラスベガスで、個人の犯行としては過去最大数の死者数を出した銃の乱射事件が発生し、ニュースになりました。

そのラスベガスでの事件が起きる数時間前に、何故か私の元に、突然面識のないおじさんから、ラスベガスの事件を前もって私に知らせる電話がかかってくるという、奇妙な出来事が起きたことがあります。

その日は、日本時間としては丁度10月2日のお昼くらいだったと思います（アメリカ時間では10月1日の夜）。私は葉山のサロンで午前中のヒーリングセッションを終えて、近くの海岸沿いにあるレストランで昼食を頼み、その料理がやってくるのを待っていました。

そんな時に私のスマートフォンが鳴り、電話に出ました。相手は見知らぬ男性の方で、最初はヒーリングのご予約やお問い合わせ、はたまた新手のセールスかなと思ったのですが、どうやら様子が違います。

相手の男性は、私のことをどこかで知って電話をしてきたと言い、「これからアメリカのネバダ州でとても悪いことが起きる！」と唐突に言ったのです。

後になってみれば、それはちょうどラスベガス（ネバダ州）での事件が起きる数時間前の電話でした。

まだラスベガスでの事件がこの物理現実世界の時間で起こる前の出来事だったので、私は電話のおじさんのことを、頭が少しおかしくなった陰謀論者か、誰かと話したくてたまたま私の元にかけてきたんだなと思い、あまり真面目には話を聞いていませんでした。

相手の男性は、ネバダ州に悪いことが起きるのは、ネバダ州とユタ州に住みついている悪い存在たちのエネルギーのせいだ、そして、昔日本にいた凄いヒーラーの先生の話をしばらく私にした後に「とにかく伝えましたからね、それでは失礼します」という感じで電話を切りました。

私は世の中には変わった人がいるなと思い電話を切ると、既に通話中に運ばれてきていたパスタを漸く食べられると思ったことを覚えています。

そして、その数時間後には、アメリカのネバダ州ラスベガスのマンダレイ・ベイ・ホテルの32階から、音楽祭の会場へと、千発を超える弾丸が発砲されるという事件が発生したことを、翌朝のニュースで知り、謎の電話のことを思い出して青ざめたのです。

「まさか、あの電話のおじさんの言うとおりになるとは……」

その後、慌ててスマートフォンの着信履歴に残っていた男性の電話番号に電話をかけ直しましたが、電話に出た男性は「何も覚えていない」とのこと。

男性の職業はタクシー運転手（住まいは東北）とのことでした（凄いヒーラーの先生の話は覚えていた）。

何故、日本に暮らすその一般的な男性が、これから起きるアメリカの事件の内容を知っていて、尚且つ、見ず知らずの私にそのことを伝えてきたのかは、今だに謎のままです。

今のところ、推測して理解できることは、目に見えない世界では、物理世界の現実として起こるしばらく前から、起こってくる出来事を前もって理解しているということ、そして、目に見えない世界から物質の現実世界にコンタクトを取るには、何らかのルート（道）があり、どこからでも誰からでも情報を伝えたり阻止をしたりすることが出来る訳ではないようだということが解りました。

もし、このことの精度が高くなれば、これから起きる犯罪を未然に防ぐような、トム・クルーズ主演の映画〝マイノリティ・リポート〟のようなことが実際に出来るのかもしれません。

死後の世界と宇宙船の巻

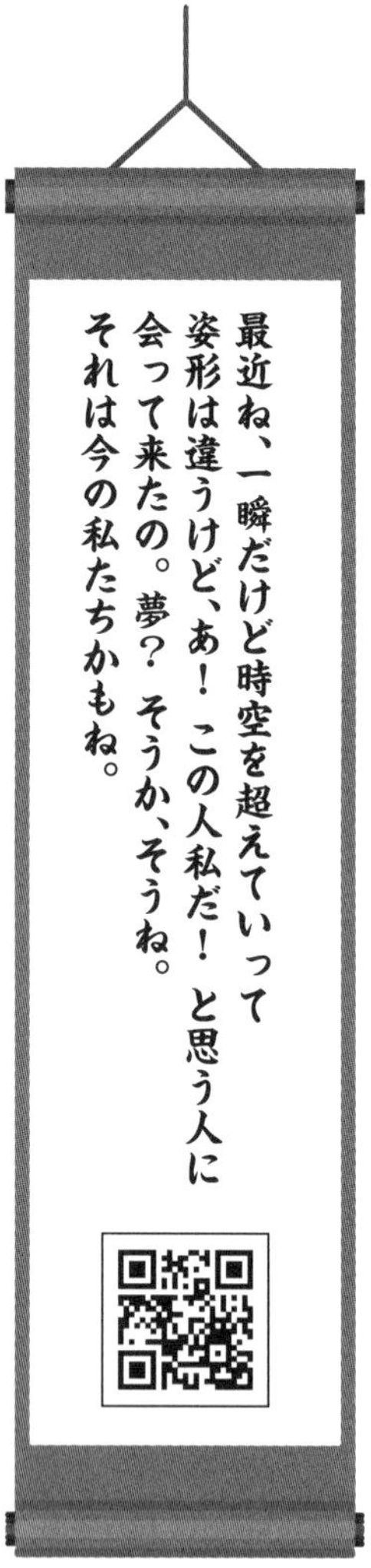
最近ね、一瞬だけど時空を超えていって
姿形は違うけど、あ！ この人私だ！ と思う人に
会って来たの。夢？ そうか、そうね。
それは今の私たちかもね。

まだ私が小学三年生の頃の出来事です。

私を大変可愛がってくれていた祖父が急死しました。

その祖父が亡くなって二日後に、私の夢に出てきて「これから別の世界に行くから心配しないで良い」と伝えてくれたということがありました。

その時、別の世界に行くと語った祖父の後ろには、丸い宇宙船のような乗り物が置いてあったことを私は今でも記憶しています。

夢が覚める前に、祖父はおへそを出して、私の悲しみを和らげようと笑わせてくれました。

そして現在、大人になり、この文章を書いている私のすぐ側には何故か、その時の夢の中で見た、祖父の後ろに置いてあった丸い宇宙船と瓜二つのもの（小型のシェルターとして造られた宇宙船のような形のもの）が置いてあります。

それは、祖父の墓とは関係なく自分の趣向で最近手に入れたものと思っていましたが、私が小学生の時に、祖父と共に夢で見た宇宙船（小型シェルター）とそっくりだと氣が付いたのは、もっと後に成ってからでした。

そして、それは一体どういうことを意味しているのでしょう。

可能性は二つ考えられます。

一つは、私の無意識の中に残っていた印象が力となって、3・11の震災後に会ったこともない別の人物の心を動かして、夢に見た宇宙船そっくりの小型シェルターを作らせた上で購入をしたのか、もう一つの可能性は、その夢を見た時、既に21世紀の未来が存在していて、小学生の時に亡くなった祖父と共に、既に存在している未来の映像を、死後の世界とこの世の間で垣間見てしまったということです（人が死ぬ時や生まれる時は時空が歪曲するのでしょう）。

当時の私は宇宙や神さまのことなど知るよしもない、小学生の頃の記憶なだけに、個人的には、神さまが仕組んだ約30年計画のおそろしい答え合わせなのだろうと感じています（実際には前述した二つの可能性は、矛盾しない一つの現実なのかもしれません）。

そして今も、私たちの理解することの難しいレベルで、大きくて強大な何かが、人の一生のみならず、死後の世界での生活までをも見越した上で、何も知らない私たちを導いているのではないでしょうか。

もしそうだとすれば、私たちの死後、もしくは生前に、私たちの生きる時代とは違う地球への生まれ変わりや、地球以外のどこか別の惑星へ向かって、魂が転生をしていくことを表しているようにも感じられます。

目に見えない世界の存在は、夢に宇宙船そっくりのシェルターを出すことで、別次元の転生や死んだ後の生活を伝えていたのでしょう。その誰かは、祖父の霊とはまた別次元に存在する宇宙的守護者なのかもしれません。

そして、一連のことを、このような本という形で大勢の方々に伝えることが目的で、私は幼少期そのようなビジョンを見たのだとも感じています。

全くあちらの計画というものは、我々には計り知れない程の長期計画でありながら、正確無比に実現するものなのでしょう。

つまりこの一連の出来事は、この世で私の果たすべきミッション（使命）と関係しているのです。

霊界の剣

この剣は、霊界の力をこの世で使う為の剣。
邪霊を斬り清めることで、新しい波動の領域へと
向かわせることを本願としている。
もし使い方を誤れば、たちまち霊界の力が
失われてしまう不思議な剣。

魔界の章

弱れば更に追い討ちをかけられるの巻

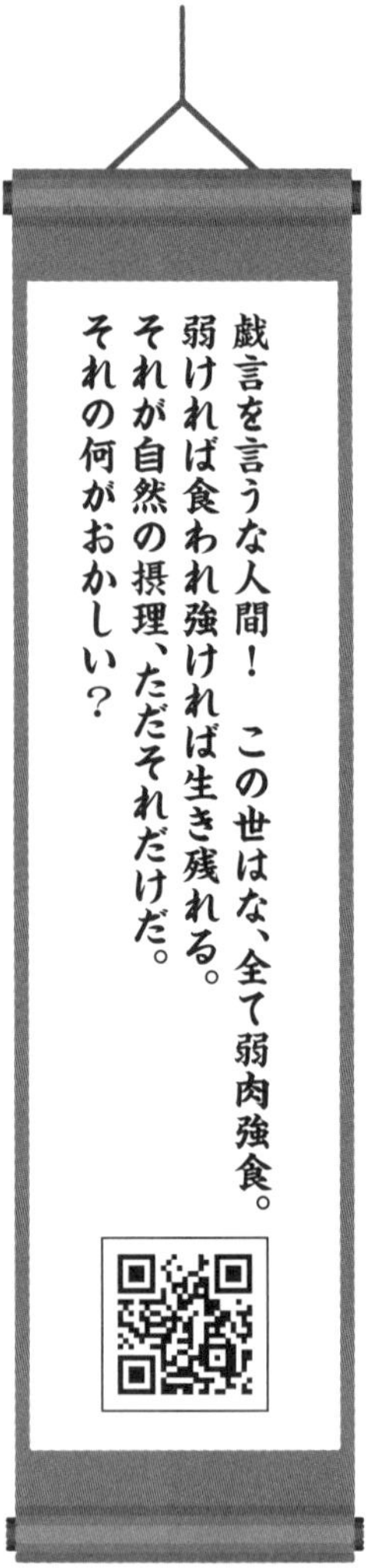
戯言を言うな人間！　この世はな、全て弱肉強食。
弱ければ食われ強ければ生き残れる。
それが自然の摂理、ただそれだけだ。
それの何がおかしい？

私はある日のフィリピンで、たった今車に足を轢《ひ》かれてしまったという犬を目撃しました。

足を轢かれてしまったその犬の叫び声が響いた後、一斉に周りにいた他の犬たちも騒ぎ始めました。

それを見た私は最初、騒ぎ始めた周りの犬たちは、轢かれてしまった仲間の犬のことを心配して吠えているのかと思ったのですが、よく見るとどうやら様子が違います。

なんと、足を怪我して弱ったその犬は、周りの犬の標的になり、更なる攻撃を受けながら必死に身を守ろうとしているではありませんか。

「弱ければ食われる」

つまり周りの犬たちは、車に轢かれて弱ったことをきっかけに、つい先程まで仲間だった筈のその犬を食べようとしているのです。

しかし、これは自然界において当たり前のことで、実は悪ではありません。

調和の取れたこの自然の世界から、逸脱をした人間という存在が、ある時からこの地上に現れて、天使や善という概念と共に、魔や悪という概念を育て始めた結果、そのようなことは初めて悪と思えるようになったというだけのことなのです。

無明（むみょう）の巻

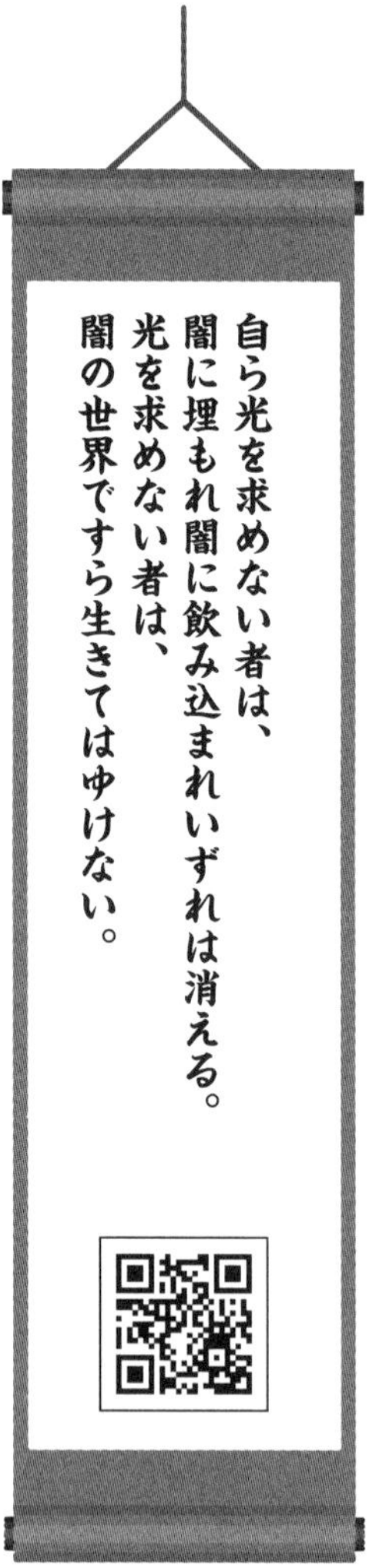
自ら光を求めない者は、
闇に埋もれ闇に飲み込まれいずれは消える。
光を求めない者は、
闇の世界ですら生きてはゆけない。

無明とは、光や自己を省みるような氣づきがないこと。

何故自らが苦しむのかということの原因がわからずに、もがけばもがく程、更なる苦しみを作ってしまうのが無明である。


無明に陥ると、善意の助言も、悪意として捉えることしか出来なくなってしまう。

自らの身に起こる出来事を氣づきや学びという光に変えられず、唯怒り、唯恨みを持つ。

しかし、自身の本質が変化をしなければ、やはり起こることが変わることも、好転していくこともないので、現実は更に苦しくなる。

すると、遂にはそこにはあった筈の光までもが差し込まない、深い無明の状態になってしまう。

暗闇の世界では、実体のない恐れや苦しみが蔓延《まんえん》し、最終的には自分自身が不必要なものとして、切り捨てられてしまうだろう。

その中で光を見出すまで、そこに闇は存在している。

絶望の巻

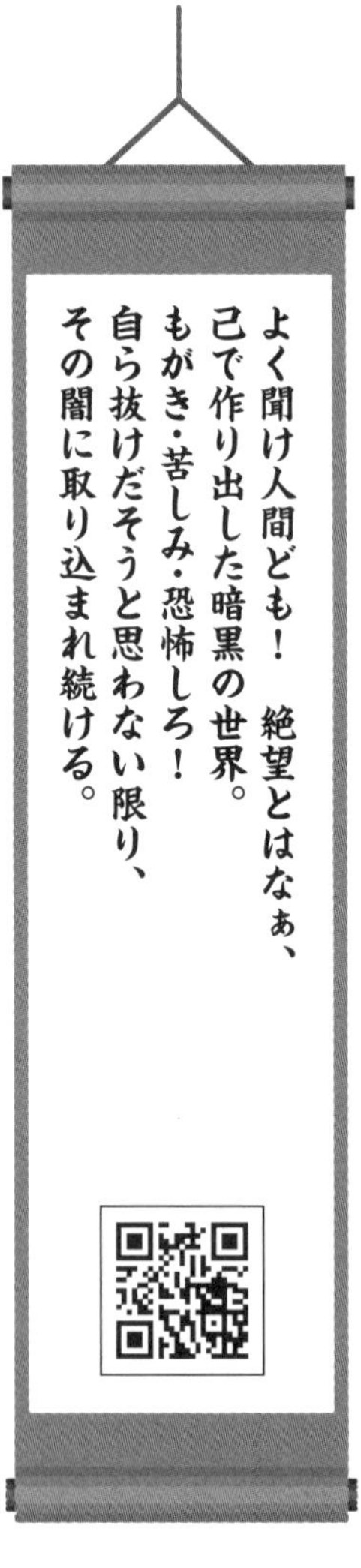
よく聞け人間ども！　絶望とはなぁ、
己で作り出した暗黒の世界。
もがき・苦しみ・恐怖しろ！
自ら抜けだそうと思わない限り、
その闇に取り込まれ続ける。

絶望。

それは一切の望みが絶たれた状態、もしくはそう感じている状況である。

絶望感は力強く渦を巻いて、私たちの苦しみ悲しみを更なる境地へと引きずっていく。

私たちは一人では存在し得ない。

しかし絶望感は、私たちが一人孤独に存在しなくてはいけないというような無明感を創り出し、誰も助けてはくれないかのような磁場を蔓延させる。

この世に希望がある限り、それが絶たれた時は、崩れ落ちるような絶望感がやってくるものだ。

しかし、それすらを癒やす何かがこの世界にあるかもしれないなら、まだそれは本当の絶望とは言えない。

神界の章

神はいるのかの巻

神はいるかって？
そりゃ、いるだろう。
神様に聞くといい。

人間の最終的な結論は、遅かれ早かれこの一点に帰結するだろう。

果たしてこの世界に神はいるのか？

私は個人的に、この世界に神は存在していると思っている。

そんなことを口にすれば、それでは何故様々な悲劇が存在するのか？　そのような問いが聞こえてきそうだが、**そもそもこの世界の全てを一人の人間である私が理解出来よう筈もない。**

神は、そもそも私には到底手に負えるような存在ではないが、きっと私の思う神さまは、私たち人間たちに、この世界の様々な問題のことを神のせいにするなと言いたいのではないだろうか、などと感じている。

とにもかくにも、私にとって解らないことがあったとしても、神は存在していて、何事も矛盾なくこの世界を見守っている筈だ、と信じることは私にも出来る。

それが私の神さま観であり、私はそう信じている。

人には、一人一人の信じる世界があるので、実のところ、そのことを他の人たちにすすめようという氣にはあまりならない。つまり、私の中に私の信じる神さまがいるように、他の人には他の人の信じる神さまがいれば良いだろうと思うのです（一つにしようとすると無理が生じる）。

そのようなことを知っている人も、このような話に対して興味がない人も、私たちは皆、常に私たちの中にいる神さまと対話をしていて、その神さまとの関係性の中で、幸福や不幸を経験するように創られた生き物なのではないだろうか。

それは時として科学や物理なのかもしれないし、その時代その時代の常識や非常識、もしくは思い込みの世界や宗教、はたまた宇宙そのものなのかもしれません。

そのように多岐にわたる全てを定義することなど、私には出来そうもないので、私は最終的に「神さまはいる」というアバウトな言葉が、私の中では高度な学問に勝ってしっくりくる氣がしてならないのです。

大昔にブッタの残した「色即是空と空即是色　※そこにあるものは本当は存在していない・そこに無いように見えるものも全て存在している」の言葉にあるように、私と私の宇宙の中で、神さまはいることになっている、それで良いのです。

あなたはあなたの中で、ご自身の信じているものを大切にされてください。

その自由を与えられている私たちもまた、神の子どもたち故なのだと感じています。

超生命の誕生（ノアの方舟）の巻

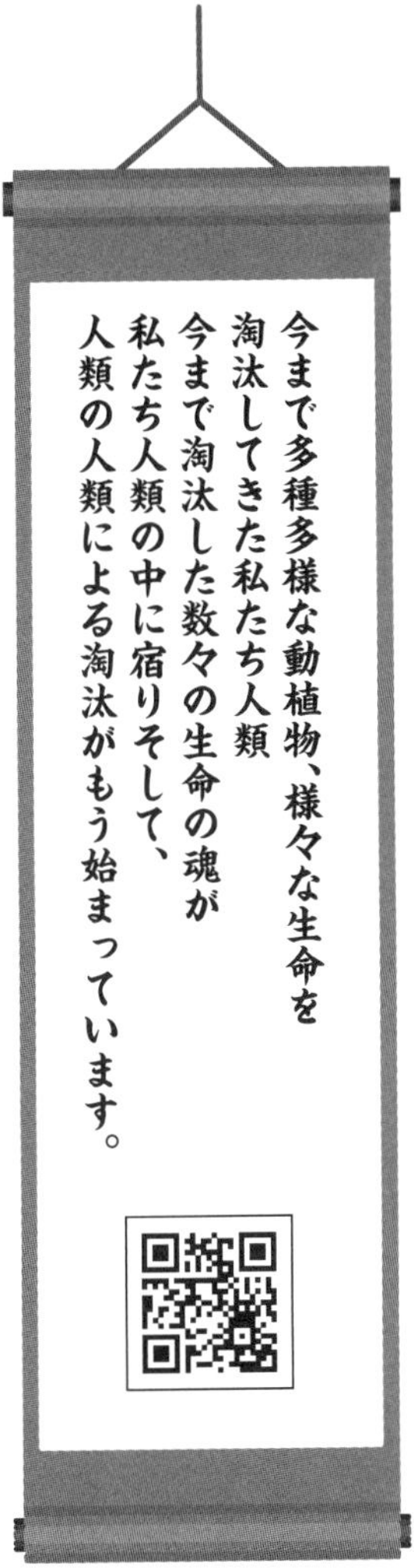
今まで多種多様な動植物、様々な生命を
淘汰してきた私たち人類
今まで淘汰した数々の生命の魂が
私たち人類の中に宿りそして、
人類の人類による淘汰がもう始まっています。

悠久の時を経て、超生命が誕生する。

それは、かつて人類を創ったのは
超生命だったから。

超生命が誕生する時は、その惑星の終わりの時。
超生命は、次の生命を創る時に現れるんだ。

超生命は過去と未来の生命を
合わせた原初の生命。

どこかで超生命が現れたということは、
どこかの星系の生命が全滅したということ。

それで、あなたは一体何者なんだ？

あなたは一周回って、超生命を超えた平凡な生命であってほしい。

そして、私もそう在りたい。

超生命は人類の刈り取りを担っている神の代理人たち。
方舟に乗る為には、原初の力（ＤＮＡ）を守ること。

神々の答え合わせの巻

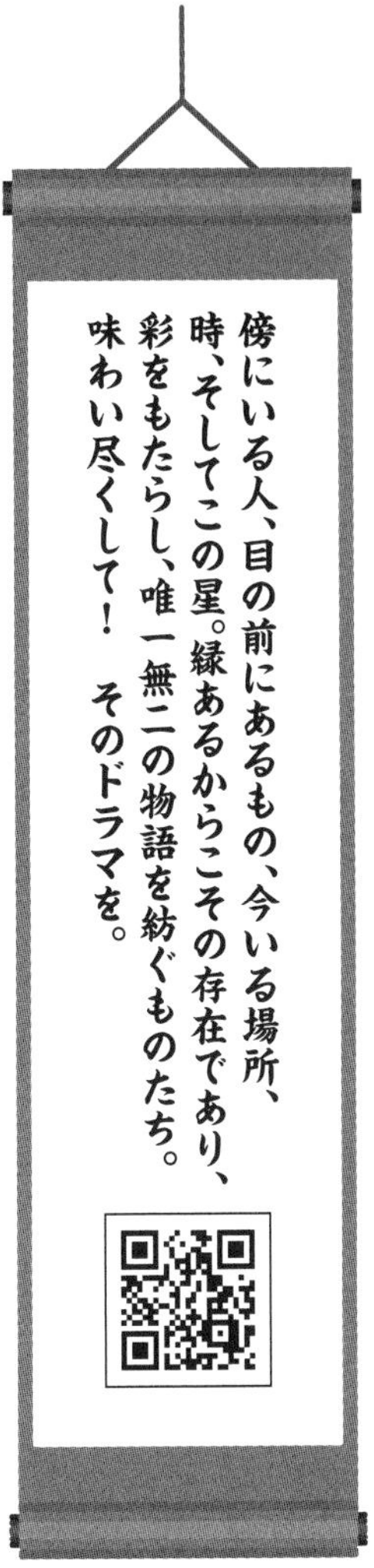
傍にいる人、目の前にあるもの、今いる場所、
時、そしてこの星。縁あるからこそその存在であり、
彩をもたらし、唯一無二の物語を紡ぐものたち。
味わい尽くして！　そのドラマを。

それぞれが別々の人生を歩んできた見ず知らずの人同士が、ある日同じ職場に就職をした数年後、実はお互い同じ日に同じ病院で生まれていたことが判明した、というような縁がこの世界には実在します。

私は個人的にこのような出来事を、常日頃から驚異的な偶然の出来事だとは考えておらず、「神々の答え合わせ」と自分の中でよんでいます。

ちなみに今の奥さんとは、お互い小学校の転校生として、別々の地から引っ越してきて出会ったのだとばかり結婚をするまで思っていましたが、それよりももっと前、我々が一歳〜二歳の時にも、お互いが引っ越してきて出会ったのとはまた別の土地で、お互い殆ど歩いてすぐの距離の中で暮らしていたことが判明したのです。

このように、私も例に漏れず、神々の答え合わせをこの地球でする為に生まれてきたのかもしれません。

この世の出来事とは太く長いものから、細く短かなものまでが全て縁であるようですが、太く長い縁に関しては、きっと今世、今生という枠には収まらない、奥深くて壮大な何かが、そこにはあるのでしょう。

私はその何かの詳細を調べることは出来ませんが、その何かを、人はこの世界で、縁や奇跡とよびます。

そもそも、宇宙空間に漂っていたガスやチリが、どのようにして惑星になっていくのかも、科学畑の人間ではない私にはよくわからないし、もし、私たちを取り巻く縁のもとが、宇宙の創生に関係があるのだとしたら、ガスやチリがやがて惑星と化することも、単純にもとはそのガスやチリ以前も何らかの惑星だったからではないだろうかと思っています。

私たちは、姿や形、時代を超えて今この世界に存在をしますが、果てしない旅の終着駅は、遠い遠い過去の縁のもとにある自らの姿であろう。

ということは私たちは、かつて神だったことになる。

宇宙の章

二つの流れ星（隕石）の巻

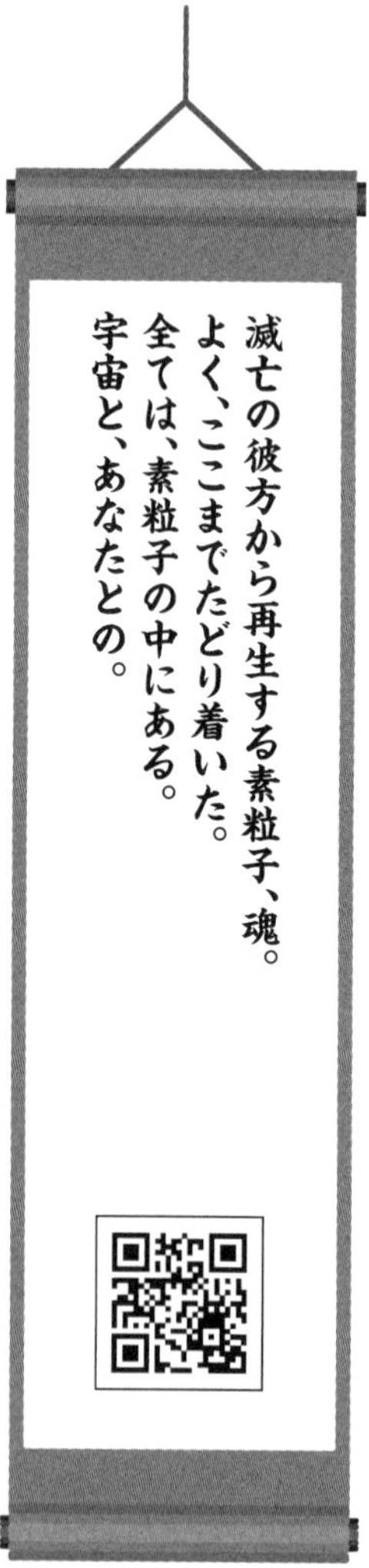
滅亡の彼方から再生する素粒子、魂。
よく、ここまでたどり着いた。
全ては、素粒子の中にある。
宇宙と、あなたとの。

自分がヒーラーになるきっかけになった出来事以降、氣がつけば私の趣味の一つは、流れ星（つまり隕石）を集めることになっていきました。

趣味といえば聞こえはよいが、分不相応に数十万、数百万円をあっという間に使い果たすというような、半ば病的な執着心であるといった方が真実に近いかもしれません。

そんな私の病的な執着心の旅はある日、二つの不思議な流れ星（隕石）と巡り会うことになります。

一つの流れ星（隕石）はモンゴルで発見されたというもの（1956〜1958年発見と聞いています）。そして、もう一つの流れ星（隕石）は南半球のアフリカで全く別の年代に発見されたと言われているものでした。

しかし、どういう訳かこの二つの流れ星（隕石）は、重さを測るとどちらも同じく998gでした（以前は999gであったと思われる）。そしてどういう訳かこの二つの流れ星（隕石）はそれぞれ違う形をしているのに、一つに組み合わせてみるとそれぞれが丁度噛み合う（神合う）ような形をしているではありませんか。

そのことに私が氣がついた（遭遇した）時に直感したことは、以下の通りである。

この二つの流れ星（隕石）は、遥か昔、宇宙空間では一つの塊だったのではないだろうかということ。つまり、この流れ星が分裂をしたのは、宇宙空間に存在をしていた頃に、他の流れ星と衝突した時だったのではないかという、途方もないことでした。

そして、宇宙空間を方々に散った流れ星は、地球の北半球と南半球にそれぞれ別の時系列で流れ星（隕石）となって、地球に落下をしてきたのかもしれないということを想像せずにはいられません（一つはアフリカに、もう一つはモンゴルに）。

これより先は、まるで神話のようなおとぎ話だと思って聞いてください。

それぞれの流れ星（隕石）は、落下をしてから長い時間をかけて、ある日、それぞれの土地で別々の人間に発見されて、持ち出され売りに出される日がやってきました。

このように人に発見されたことによって、流れ星（隕石）は漸く地球上での移動が可能となりました（本当の真実は、人間が発見をしたようでありながら、石のもつパワーによって発見させられているのかもしれません）。

初めに二つの流れ星が、広大な宇宙空間で分かれて、別々の個体になって、別々の方向へと動き出したのは、今から何億年前なのか、それとも太陽系創生の頃なのかは誰にもわからない。

それは神のみぞ知ることである。

しかし、いつしか二つは、この地球上で再会を果たす宿命なのだった。

そして遂に宇宙空間で分かれたこの二つのかけらは、ある時、一人の人間のもとで再会を果たすことに。

その人間は、何故かある日、二つの流れ星（隕石）の重さが1gの違いもなく同じであることに氣がついた。いや、正しくは石に氣づかされてしまったのだろう。

すると唯ならぬ必然を感じた持ち主は、思わず両の手で二つの流れ星をそれぞれ持ち、組み合わないかとガチャガチャと探り始めました。

次の瞬間、持ち主の手の中で、二つの流れ星の継ぎ目と継ぎ目がぴったりと噛み合った。

それは「神秘の再会」だった。

それ以外に、このことを何と形容することが出来るだろう。

そして、言い知れぬ感覚に支配されていく。

もしかすると、これは唯の偶然なのかもしれない（現時点の科学力では成分分析をしても証明することが出来ない)。

宇宙空間で分かれた流れ星（隕石）が、地球に到達出来る確率は極々僅かで、地球に到達した多くの隕石は、地上に到達する前に大気圏で燃え尽きて気化して消えていきます。

その二つの隕石が同じルーツだということは、確率も出せない程の少ない確率で起ることなのでしょう。

仮に到達出来たとしても、木端微塵《こっぱみじん》になり、本来の質量は大きく変化してしまう可能性が大です。その他様々な要因を考えれば、確率的にも質量が同じことなど、更にあり得ない確率なのです。

しかし、もしその全てが単なる思い込みではなかったら……。

単なる偶然ではないのだとしたら……。

それこそ、神さまとの約束、宇宙との約束です。

もし、それが真実なのだとすると、この世界（宇宙）は、私たちが考えているような偶然的に存在しているものではありません。

だとすると、およそ人智が及ばない程の完璧さの中で、私たちは生かされているということなのです。

それは数億年、数十億年の時間の流れの中で起きてくることは、全て完璧にあらかじめ決定されていることかもしれないということなのです。

地球はかつて何だったのでしょう。

そして遥か彼方の時空では、何になっているのでしょう。

私たちが知らずとも、それは既に決定しているのかもしれないということです。

奇跡が伝える完全なる世界観

モンゴルとアフリカで別の時代に発見されたという２つの隕石は、どちらも998gだった。

その２つの隕石は、悠久の時を経て巡り合い、ピッタリと重なり合い一つとなった。

相対の巻

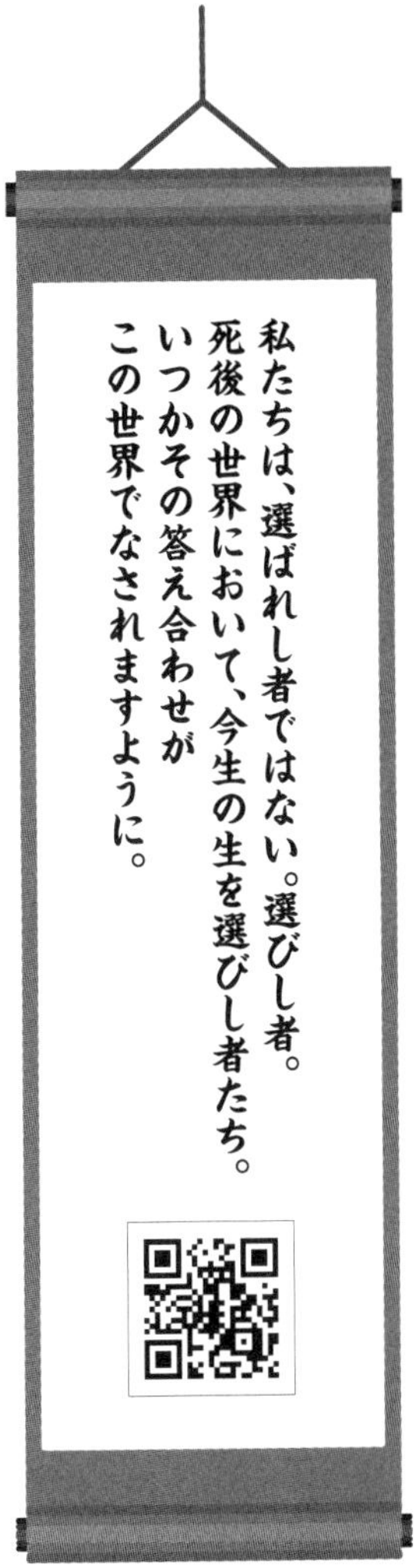
私たちは、選ばれし者ではない。選びし者。
死後の世界において、今生の生を選びし者たち。
いつかその答え合わせが
この世界でなされますように。

望遠鏡で、夜空に輝くアンドロメダを見てごらん。
それは小さな小さな一つの点にしか見えないけれど、
その中には一兆個の恒星があるとか、ないとか。
地球から約２５０万光年離れているのに、見えたりするって凄いよね。

あなたが近づいていくものが大きくなり
あなたが離れていくものが小さくなって消えていく

それ本当の宇宙間だよ。

小さいも大きいも
短いも長いも
全ては相対的に伸び縮みするものなんだ。

あなたは何に近づき
何から遠ざかるだろう。

自由の巻

遂に封印が解かれ
次元の扉が開かれた。
そして神々は
いつしか
神棚を抜け出して
生命へと遊びに行く。

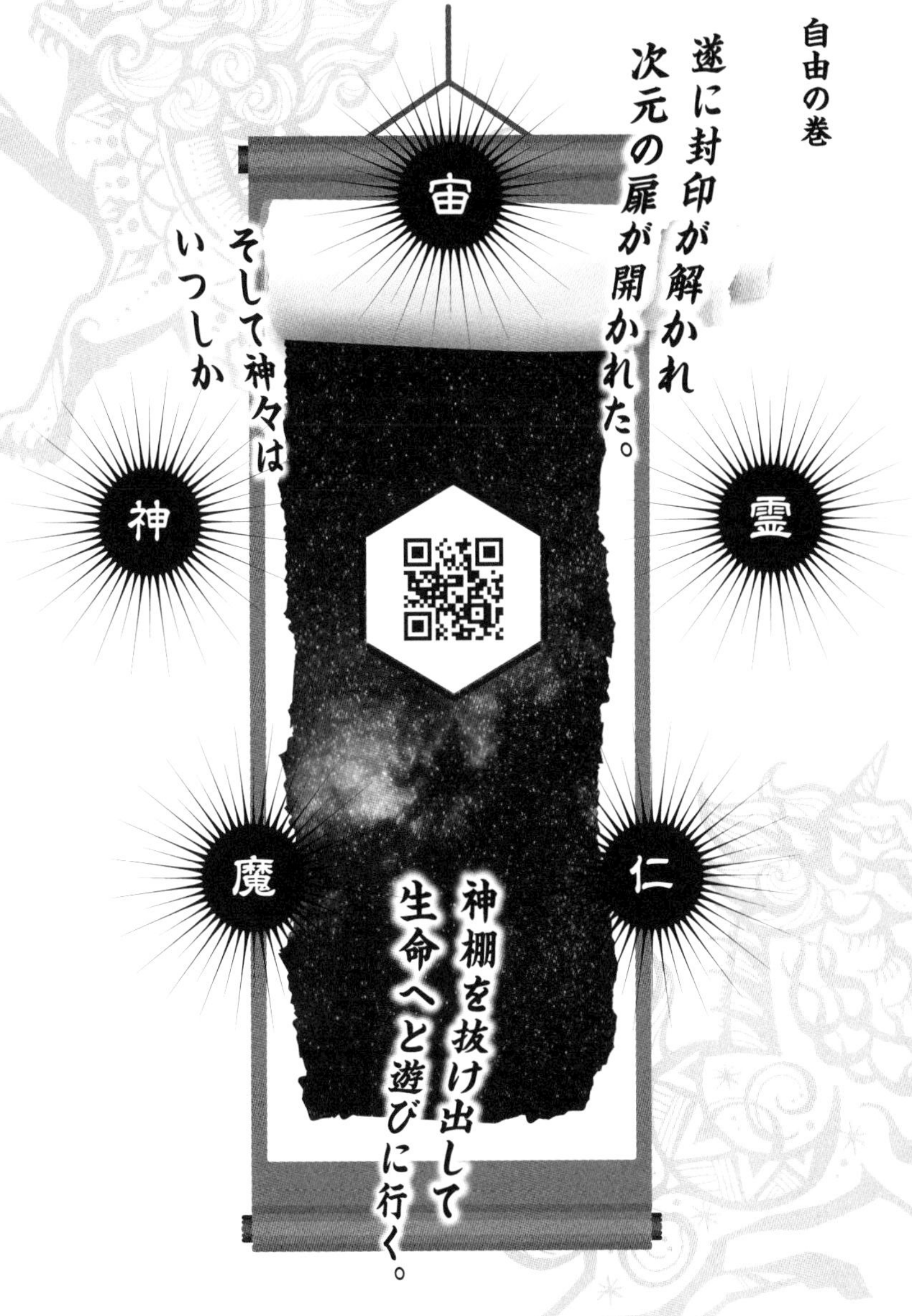

あとがき

私が約10年前に初めてヒーリングという言葉に興味を持った因果は、こうして10年後の私が既にこの本を書くことになっていたからかもしれません。

この本の舞台設定は、現実とファンタジー、現代と古代、はたまた未来の融合した世界にある、魂の力を知って育む（思い出す）為の道場です。その道場のモデルになっているのは、現代の世界に存在しているスピリチュアル・ヒーリングサロン・シリウス葉山とアンドロメダ関内のサロン。

そしてそこで実際に起こっている神秘的な現実の数々を通して、私自身が経験し学んできた知恵と力の物語です。

主人公はこの本を読んでくださった皆様。

そして本の中の道場が皆様の現実の人生に新しい発見や喜びを運んでくれることを願っています。

この本の制作にご尽力いただきました、ヒカルランドの石井社長、編集長の溝口さん、本の編集作業やデザインを担ってくれました久さん、動画編集や声で活躍してくださいました朝倉さん、又野さん、志村さん、仙石さん、ボウマンさん、笹原さん、森さん、そしてモデルのチカちゃんと撮影を担当してくれた西さん、私の所属している株式会社シグマデザインの若林社長、今までヒーリングを受けにシリウスやアンドロメダ、ヒカルランドに足を運んで下さった方々、その他支えてくださった大勢の皆さまと、執筆中に家で4人の子供たちの世話をしてくれていた奥さんの美帆、僕がまだ美容師をやっていた時代から様々なサポートをしてくださっている西村さんと小谷さん、そしてこの世界に私を産み出し育ててくれた両親にこの場を借りてお礼を申し上げます。

スピリチュアル・ヒーラー　シリウス慶氣

メイキング
執筆中風景

★シリウス葉山対面セッションの体験談

【事例1】

個人セッションを受けて6日目に入りましたが、日を追うごとに（子どもの）苦しげな咳、鼻水や痰も治まってきています。障がいを持って生まれていますので、36歳までよく生きてこれたと思っています。養護学校時代の6名の同級生は、もう3名だけになってしまいました。

淡々とすべきことをし、穏やかに楽しく一日一日を大切にして、今、生きている幸せを心の奥深くに感じながら、毎夜、感謝の言葉を唱えながら眠りについています。また、2カ月後位にセッションをお願いしようかと思っています。

※後日ご報告のご連絡

先日はセッション&ヒーリングありがとうございました。早速、効果（背筋が伸びてきている）を実感でき、感動しております。

【事例2】

おはようございます。昨日イベントがあったと思うのですけど！　それの恩恵なのか、夜急に第

3チャクラが激痛。肋骨、横隔膜とか腹部の何かシールドを突き破り内臓たちが破裂して出てくるのではないか？　というくらい内から外に対して圧力があって、背骨も痛くてついつい痛い、無理！と声に出てしまいました。鳩尾に手を当てながら、昔部活動で自分が要所でシュート外したり、チームが負け続けたりして先生や親にも責められまくり、精神疲労でお腹を痛くしていた記憶が蘇りました（キャプテンだったので、チームメイトのミスも全部私のせいと思っていた責任感強すぎる人でした）。誰にも褒められることなくチームメイトへはフォローをしていた思春期の私を今の私から認知して早めに寝ました。

フジコ・ヘミングさんの「主よ、人の望みの喜びよ」を聴きながら。そして今朝から不思議な自己受容感が濃厚で。外は寒いのですが芯からあったかい朝を迎えてます。開催中のイベントは行けてないのですが、ギフトだなと思ってます。

★アンドロメダ関内対面セッションのご感想

【事例3】

おはようございます。前回ヒーリングを受けてから、就職活動を続けてます。身体では、下腹部の重さ、鈍痛が不思議なほど消えて軽くなってました！　いろいろと面接しては、違ったなぁと何件も取り下げたりして、解ってくることがあったりして、条件やら何やらだんだん良いのが出てきてます。

近づいているとは思います。まだ最終的なご報告に至りませんが……。

今朝はラジオを聴いて、励まされました！（※当時シリウス慶氣の出演していたインターネットラジオ・ボイシーのイッテルラジオ２０２０年12月～２０２１年5月毎週水曜日）

動くきっかけを出していただき、ありがとうございました！

【事例4】

ヒーリング後、全体的に身体が軽くなりました！　帰りの電車から既に、興味をひく求人の情報をキャッチするようになり、連絡をとったりしました。

既に応募済みで連絡待ちのものもあります。個人でやりたいことも出来るかたちで、いけたらと思います。親もにこにこしているし、家族も絶好調です！

☆シリウス慶氣より
今日は春分。だからといって、何か自分から動かなければいつもと同じ1日です。

どんどん行動していきましょう（世間は就職難のコロナ禍においても）
※この後、就職先が決定したご連絡がありました。

【事例5】

こんにちは！　少し長くなりますが、ヒーリング後日談です。

年末によしきさんのヒーリングをアンドロメダでうけ、前回、前々回はパートナー見つけの話から、今回は仕事に関してでした。

その前コロナ禍前に仕事をパートに切り替えようかと思っている相談をして、イエローカード出されて何でだろう？　と思いながら過ごしていたら、2カ月後コロナ禍になり、危なく生活が危険になるところを回避しました。

★遠隔シリウスヒーリングのご感想

【事例6】

物理的にわかる筈のないことを指摘して一致していた件

先日の遠隔ヒーリングの中で突如、左足の親指のヒーリングを指摘するシーンがあるのですが、後日解ったことは正にその左足親指には古傷があるということが判明しました。

以下、その時の遠隔ヒーリングを受けられた方の後日談です。


お陰様で今日はとても元気になりました。

先生が遠隔ヒーリングの動画の中でおっしゃっていた私の左親指には実際に深い傷跡があります。

小さい頃、母のミシンをいじっていて落ちて来た機械に挟まれ、肉を切断しました。

一番必要な母親からの愛情を十分に受け取った実感が無く、ひどく傷ついていて、その現象化だったと理解しております。

でも、昨日のヒーリングでそれが解放されたのでしょう。本当に有難いです。

【事例7】

本日も有難うございました。青系や白、金色の光が見えることが多いのですが、今日は珍しく、マジェンタの光が最初に見えました。

いつもと特に違ったのが、足をぐるぐる回したくなり、断続的に足首を回していました。ヒーリング中、断続的に身体に痛みが出ました（特に右腹）が、今回は頭に何かお椀型のような物を被せられた体感と共に、しばらく頭頂が痛みました。胸を中心に何か黒い液体状のものが四方八方に流れ落ちるのが見えた後は、ハートが開いたようで、気持ちよく緩みました。

その他は、これまでと同じような感じで、終了後は腰が軽くなっているのに気づきました。四月の半ばまで、絶不調だったのが嘘のようで、本当に助かります。

【事例8】

慶氣さん、遠隔ヒーリングをありがとうございました。遠隔ヒーリング当日、私のアクセサリータイプの腕時計のチェーンが絡まってしまいました……。

出勤時間だったため、絡まっている状態でバッグに入れました。そして、駅に着いた時にチェーンの絡まりをとろうと思っていました。すると、駅に着いて時計を取り出したら、何故かチェーンが何もなかったかのように元通りになっていました。

今回は、チェーンが元通りになっていたので、過去からの様々な問題もいつかは元通りになると伝えてくれているのかなぁと勝手に感じています。また次回よろしくお願いいたします。

【事例9】

頭の中がびりびりして不要なエネルギーを身体からそぎ落として頂いたような感覚でした。

〝退屈な人生はやめましょう〟というメッセージ、意味を考え、噛みしめています。

2回目の変化楽しみです。めげずにこれからもよろしくお願いします。

☆**シリウス慶氣より**

ご感想ありがとうございます。今回Kさんがめげるようなところは何もないのでご安心ください。

【事例10】　シリウスヒーリング体験記

〈1月25日〉

母の遠隔を申し込んで良いでしょうか?

現状、腰回りが硬くこわばって、少しでも動くとピキッと痛みが走って息が詰まり我慢出来ないようです。１週間トイレ以外は立てず動けずで、座るのも痛みが走って体重が支えられないので寝たきりが続いています。

☆シリウス慶氣より

遠隔ヒーリングをしますので、座ってる写真があれば送ってください。
おじいちゃんとおばあちゃんも人生ドラマの塗り替えですね。

☆遠隔ヒーリング後

先ほど、遠隔をお願いしてから気絶して、今は反対側に自分で寝返りをうてて痛みが引いたそうです。有難うございます。ベッドから降りて、座れるようになりました！
腕も動かせるようになりました。父が仕事からはやく帰ってきました。

〈1月26日〉

おはよう御座います。朝は痛くてまだ動けないようです。
昨夜はずっと体が熱かったそうです。

☆シリウス慶氣より

了解です。あと一日～二日安静にしてください。

フィジカルが弱いと回復力は弱くなりますから、Aさん自身の運動なども怠けない方が良いかと思います、あとは楽しみも大切です。

先ほど、ベッドから降りて、顔を洗いにいけました。動くと痛みはあるようですが、歩いてトイレへ行けるようになりました。今普通に座ってご飯を食べています。

〈1月27日〉

母、もう大丈夫かなとさっき呟いていました。

少しずつ動いています。有難うございます！

〈1月28日〉

介護終了。実家より帰宅。

〈2月3日〉

母は徐々に回復してきて、支えなしで歩けるようになりました。

父が少しずつ家事をするようになってきていて、それを見るたび三姉妹で顔を見合わせて驚いています。

前と違って協力的になっていて、それを見るたび慣れなくて一同驚いています、笑。

☆シリウス慶氣より

ただ同じ日常に戻ったのではなくて、中身が変わって戻ってきたんですね。

人生はこれからまた動き出します。

★ヒーリングアカデミーのご感想

【事例11】

息子が高校二年生に進級できました。同じサッカー部の一年生で進級できなかった子もいるそうで、「自分もぎりぎりだったと思う。勉強頑張るから」と自分で言っていました。

ヒーリングアカデミーの時は怖い怖いになってしまってましたが、その後、自分が小さい頃からたくさんの怖い怖いだったこと、出産や子育ても怖い怖いだったこと、悔しくなりました。これからは怖いに翻弄されないわくわく人生を歩いていきたいです。

Sさんの話を聞いて、怖い怖いになってましたが、怖い話を聞いても入れないではねのけるコツを聞きたいです。ヒーリングアカデミー、ワークたくさんで、自分でどんどんできるようになって楽しかったです。お母さんヒーラーになれて良かったです。ありがとうございました。また次回よろしくお願いします。

☆シリウス慶氣より

お母さんヒーラー頑張ってください。

怖い話を聞く時にはねのけるコツは、自身が怖くない話として聞くことです。

【事例12】

いつもありがとうございます！　前回のアカデミーで体験したことを日常でやってみて起こったことがあったので送ります。

前回のヒーリングアカデミーでよしきさんから人のせいにしてるよと教えていただき、反省してそれをやめることにしました。それと同時に、ここ何年か友人や知り合いの話を聞くのが怖くて避けてたのをちゃんと聞いてみることにしました。聞きながらアカデミーで習ったように言葉を返したら、気持ちが楽になったと泣くほど喜ばれました。

自分的には人のせいにしない生き方は今までなかったから大きいです。今では前の感覚がわからなく感じます。喜ぶ姿を目にして自分も泣くほど嬉しいです。ひとりだけじゃなくて他の人もそうなったので本当なんだと思いました。

ありがとうございます！　さらにがんばっていきたいです。

☆シリウス慶氣より

被害者意識卒業おめでとうございます。自分の身に起こることを肥やしにしていけば、いたずらに恐れる必要はありませんね。

【事例13】

シリウスヒーリングアカデミーに参加中のIです。2回単発で参加しました。よしきさんの具体的なたとえ話満載の講義も、ワークも、本当に興味深くて面白くてたまりません。時間があっという間に過ぎてしまいます。

シンギング・リンのセッションで短い問診の時間に、先日学んだ、意識をして話をする、をしてみてます。出来てるかどうかはわからないけれど、よい事が起きていくに違いないと信じて話をするのはそれだけで以前よりも私が良い気持ちです。

山でのこと、ヒーリングをしていただいていたなんて！　あの短時間で！　ありがとうございます。現実が変わっていきますね。

【事例14】

昨日はお疲れ様でした。会場はすごいエネルギーでしたね、プロジェクターで投影してるのかと思うくらい、目の前がメラメラしてました。私の友人が、慶氣さんの本を手にしてから、気持ちが前向きになった氣がすると、来年の仕事の資格試験を受ける事を決めました。すると、年末に大きな仕事が入り、年越しが楽に出来ると喜んでました。

私も、息子のライブが9日にあり、先月は10人くらいしかいなくて、慶氣さんにこんな少ないライブじゃ来てもらうのが申し訳ないと思って、今月はお誘いしなかったんですけど、そしたら、お客様が5倍は増えていて、フロアーが満席だったので、ありがたくてご報告します。慶氣さんがあの場にいないのに、御加護を感じます。ありがとうございます。

【事例15】ヒカルランドイベントにZoom参加の方のご感想

9年前のよしきさんがカナダでフェイスブックに載せた写真の話を今日の電車の中で眺めていた話。あの感覚が、言葉で表現するのが難しいですが自分としては凄く良くわかった、身体に落とし込めたという感覚がありました。

【事例16】ヒカルランドイベントにZoom参加の方のご感想

ひきこまれて あっという間の三時間でした。休憩時間にベランダで日向ぼっこしながら太陽の日差しが暖かくて心地よく、こういう感覚を家で講座に参加しながら感じられるのもいいなと思いました。夜には家族が、鎌倉デスティニーという映画を借りてきて見たら内容が講座とシンクロしてるところもあって。自分にとって尊い、大切にしたいものってなんだろうとあらためて考える時間でした。動画もいつも有難うございます！ 移動中や家事中に聞いてます。見返す度に心に残るところが違い全く同じに聞こえないのも不思議です。日々の力になってます。

※読者の方は、このページには記入しないでください。

シリウス慶氣アンサー

住所が記載されている返送用の封筒と切手をご自身でご用意して書籍と一緒に同封してください。(送料は返送分もご依頼者様の自己負担でお願い致します)

期限:2025年10月10日

〈送付先住所〉
〒240-0112　神奈川県三浦郡葉山町堀内980
葉山館1階　ヒーリングアトリエ・シリウス 宛
TEL 045-212-0300

著者本人が一つ一つ順番に返送していきますのでお手元に本が戻るまでに数カ月かかることがありますのでご了承下さい。

実践！シリウスヒーリングの修練表へのアドバイス&交流ページ

シリウス慶氣があなたへの直筆スピリチュアルメッセージをこの本に書いて送ります！

ご相談や、この本に関係のないことでも構いません。
今氣になることを、シリウス慶氣に伝えてください。

ステップ1

ご質問やご相談・ご感想を上記の空白欄に書く

本文修練表のページの採点を希望する場合にはこちらにチェックを入れてください □

▶

ステップ2

送付用の封筒の中にこの本と各自でご用意いただいた返送用の封筒（切手付き）を同封してシリウス宛に送る

▶

ステップ3

ご郵送していただいたご本人様のメッセージに対する著者シリウス慶氣のオリジナルメッセージ付きの書籍を受け取る

シリウス慶氣　Sirius Yoshiki

プロヒーラー／霊媒
2011年原発事故後の超常体験を機に、自身も様々な超常的感覚に通じるようになる。

その後、自身の能力を人のために使うべくスピリチュアルヒーリング専門サロンのシリウスを神奈川県葉山町にオープン。

日々ヒーラーとして様々な超常現象や超常体験を通して世界や私たちが存在する神秘を伝えている。

ヒーラー（Healer）とは物質を超えた超常的な領域において、人や動物に癒やし（Healing）を行う霊媒のこと。

近年は現場のヒーリングの映像を公開することで、目に見えない世界からのメッセージやエネルギーの価値をより多くの人たちの無形の財産として活用していくことに取り組んでいる。

ヒーリングサロン　シリウス（葉山）　https://spi-dojo.com
複合サロン　アンドロメダ（関内）　https://www.sirius-union.com
ブログ　https://kokoniimasu.amebaownd.com

時空超越と変容の奥義
実践！ SIRIUS《シリウス》ヒーリング
魂のエネルギーワーカー養成道場

第一刷 2021年7月31日

著者 シリウス慶氣

発行人 石井健資
発行所 株式会社ヒカルランド
〒162-0821 東京都新宿区津久戸町3-11 TH1ビル6F
電話 03-6265-0852 ファックス 03-6265-0853
http://www.hikaruland.co.jp info@hikaruland.co.jp
振替 00180-8-496587
本文・カバー・製本 中央精版印刷株式会社
DTP 株式会社キャップス
編集担当 溝口立太

ISBN978-4-86742-005-8